Ueber das Princip, die Gränzen und den Umfang der Policei.

Ein Versuch.

Leipzig
bey Georg Joachim Göschen,
1808.

V o r r e d e.

Seit vielen Jahren hatte ich über Policei gedacht, gelesen, geschrieben. Die einzelnen Theile derselben glaubte ich zu kennen; aber sie schienen mir zu fremdartig, um sie alle unter ein einfaches Princip zusammenzufassen. Ich forschte in den Philosophien unsrer Zeit nach demselben, und fand keines, das meiner Erwartung entsprach. Denn es sollte nicht nur die mangelnde Einheit herstellen, und alle Theile der Policei in einem festen Verband zu einem Ganzen vereinigen; sondern es sollte auch die Gränzlinie bestimmen, deren Ueberschreitung der natürlichen Freiheit des Staatsbürgers so gefährlich ist. Ich hatte nur dunkle Gefühle, leise Ahnungen, bis mir endlich das Zusammenstellen des Begriffs vom Zwecke des Menschen mit dem vom Zwecke des Staats ein Licht über diese dunkle Gegend zu verbreiten schien. Diesem bin ich gefolgt; und wenn schon der Hauptgedanke, den ich in diesem Entwurfe aufgestellt habe, von den weisen Denkern und ruhigen Forschern unsers Zeitalters nicht für richtig und vollendet erkannt werden sollte: so kann er doch, wie ich glaube, neue Ideen erzeugen, und näher zur Wahrheit hinführen. Denn in keinem

Fache des innern Staatsrechts ist es, nach meiner Ueberzeugung, so nöthig, als in dem der Policei, daß wir ein sicheres und überall anwendbares Princip aufstellen, und die Gränzen zwischen den Befugnissen der Regierung und der Freiheit des Bürgers scharf bezeichnen. In keinem andern ist entweder die Sicherheit des Einzelnen oder die des Ganzen so gefährdet, als in dem der Policei, wenn sie nicht auf festem, richtig abgewogenem, Grunde ruht.

Ueber die einzelnen Theile der Policei habe ich freilich — denn es soll nur erster Entwurf seyn — nur wenig, auch wohl nicht viel Neues gesagt. Das Beste, was mir aus einer ziemlich langen Erfahrung, aus mannichfacher stiller Beobachtung, aus vielen gelesenen Gesetzen und Schriften vorschwebte, habe ich zusammengestellt, und doch auf das von mir angenommene Princip, auf die von mir vorgezeichnete Gränzlinie, und auf möglichste Vereinfachung und Zusammenziehung dieser durch Vervielfachung und Ausdehnung in der Theorie und Praxis so schwer und verworren gewordenen Wissenschaft Bedacht genommen.

In der Polizei, einer praktischen Wissenschaft, wird der bloße Theoretiker so gut wie der bloße Praktiker manchen Fehltritt thun, weil beide gemeiniglich die Sache einseitig betrachten. Denn Jener wird in seinem Kopfe ein Gebäude zusammensetzen, das zwar mit seinem System überhaupt harmonisch, auch an sich consequent ist; aber ohne den Boden zu kennen, auf dem es stehen soll. Dieser wird Alles, was ihm für den Augenblick und für sein Land als gut und nützlich erscheint, sogleich zu einem Policeigesetz stempeln, ohne auf das ganze, große Gebäude der allgemeinen Sicherheit und Wohlfahrt des Staats und seiner Bürger zu sehen. Dieses war und ist, wie mich dünkt, die Gewohnheit unsrer Vorfahren, und der meisten Gesetzgeber unsrer Zeit; darum haben wir eine große Menge von Policeigesetzen, aber noch kein Policeigesetzbuch. Jenes ist gemeiniglich der Fall mit den Philosophen und akademischen Gelehrten. Ich bin weder Theoretiker noch Praktiker genug, um dadurch in den Fehler der Einseitigkeit gefallen zu seyn. Aber darum kann ich mich leicht eines andern Fehlers schuldig gemacht haben; so daß mein Entwurf weder dem Einen, noch dem Andern gefällt; Jenem nicht grüudlich, Diesem nicht brauchbar genug ist. Ich nenne ihn daher auch nur einen Versuch, werde jede Belehrung dankbar benutzen, und mich freuen, wenn auch nur hier und da aus dem von mir gelegten Keime eine gesunde Pflanze hervorsprießen sollte.

§. 1.

Wir sind wohl gern darüber einverstanden, daß es die Bestimmung des Menschen ist, daß er sittlich gut und glückselig werde. Jenes soll er, dieses will er werden. Beides vereinigt sich darin, daß er durch Sittlichkeit die Glückseligkeit erlange, wornach er sich sehnt. Dieses für jeden einzelnen Menschen gesetzte Ziel, welches des Wesens so einzig würdig ist, das Vernunft, Freiheit, und moralisches Gefühl auszeichnet, kann zwar im eigentlichen Sinne der nächste Zweck unsrer Staaten nicht seyn. Denn Tugend geht den inneren Menschen an; der Staat hat es nur mit dem äußeren Menschen zu thun. Tugend kann nur durch moralische Mittel hervorgebracht werden; dem Staate stehn nur physische, höchstens psychologische Zwangsmittel zu Gebote. Tugend beruht auf Freiheit; der Staat besteht durch Zwangspflichten und Zwangsrechte. Tugend muß der einzelne Mensch in sich und für sich hervorbringen; im Staate aber hat sich eine Mehrheit von Menschen zum ungestörten Genuß und Gebrauch ihrer Güter vereinigt, und in dieser Absicht einen Gesellschaftsvertrag errichtet. — Eben so ist es auch mit der Glückseligkeit, die aus der Tugend entspringt. Sie besteht in dem belohnenden Zeugniß des Gewissens, in dem Beifall Gottes; mithin ist sie ganz außer dem Gebiete der Staatsgewalt.

§. 2.

Dennoch muß aus jenem letzten Ziele der Bestimmung des Menschen auch der nächste Zweck der Staaten abgeleitet werden. Darum ist der Grund der äußern Sittlichkeit, und der äußern Glückseligkeit, d. h. Rechtlichkeit und Sicherheit, oder Sicherheit durch Rechtlichkeit der eigentliche und nächste Zweck aller Staatsverbindungen. Jeder Bürger soll rechtlich leben; dafür soll ihm Sicherheit, die er begehrt, zu Theil werden. Daraus fließen alle Rechte und Pflichten der Regenten und Unterthanen. Dieß ist das Augenmerk aller Gewalten; der gesetzgebenden, ausübenden, verwaltenden und richterlichen Gewalt. Dieß ist namentlich auch der Gesichtspunkt, der bei der bürgerlichen und peinlichen Gesetzgebung ganz allein im Auge behalten werden muß.

§. 3.

Aber die Staatsverbindung darf bei ihrem nächsten Zwecke die endliche Bestimmung des Menschen — denn der Unterthan ist nicht bloß Unterthan und Staatsbürger, sondern auch Mensch — nicht vergessen. Darum darf sie einmal (negativ) nichts thun, wodurch Sittlichkeit und daher entstehende Glückseligkeit gefährdet wird. Darum muß sie zweitens ihre Verfassungen, Gesetze, Einrichtungen und Anstalten so abmessen und modificiren, daß es dem einzelnen Menschen leichter wird, zu einem höhern Grade sittlicher Vollkommenheit und Glückseligkeit hinaufzusteigen. Darum muß sie aber auch endlich solche Gesetze, Einrichtungen und Anstalten ganz eigends geben und vorkehren, wodurch die Unsittlichkeit vermindert, die Sittlichkeit befördert, und der äußere Wohlstand der Bürger, welcher es ihnen leichter macht, der moralischen Vollkommenheit und Glückseligkeit näher zu kommen, befestigt, und auf eine höhere Stufe geleitet, mithin auch der ruhige Genuß der irdischen Güter immer mehr gesichert werde.

§. 4.

Dieses letzte begründet und konstituirt, nach meiner Ueberzeugung, die Policei im Staate. „Sie „beschäftigt sich nicht bloß mit Rechtlichkeit und „Sicherheit; sondern sie hat eine höhere Tendenz; „Sittlichkeit und Glückseligkeit; doch innerhalb „der Schranken, die ihr dadurch angewiesen werden, „daß sie ein Theil der Staatsgewalt ist. Denn zwi„schen den beiden Punkten, worauf der nächste Zweck „des Staats, und worauf die Bestimmung des „Menschen beruht, ist eine große Lücke, die auch „im Staate und durch den Staat ausgefüllt wer„den muß, und nur durch die Policei ausgefüllt „werden kann.“ Außer den vorsätzlich = unrechtlichen Handlungen giebt es unbesonnene Handlungen, welche die Sicherheit ohne bösen Vorsatz stören; gleichgültige Handlungen, die nur nach den Umständen, unter denen sie geschehen, die Sicherheit stören und gefährden; unsittliche Handlungen, welche die Sicherheit nicht stören, aber in Gefahr bringen; unsittliche Handlungen, die der Mensch bloß für sich begeht, ohne daß sie einen sichtbaren Einfluß auf die Gesellschaft äußern; außer den gröbern Ausbrüchen der Unsittlichkeit giebt es feinere; und wer vor beiden sich verwahrt, der ist doch nur auf der untersten, negativen Stufe der Sittlichkeit. So giebt es außer der Sicherstellung wider Verletzung durch Menschen eine Sicherstellung wider die Störung, welche Elemente, Thiere, Naturprodukte, dem Leben, der Gesundheit, dem Eigenthume androhen und zufügen. Dann giebt es mannichfache menschliche Bedürfnisse der Nothdurft, des Genusses, der Ruhe, der Bequemlichkeit, der Ehre, wodurch der äußere Wohlstand positiv herbeigeführt wird. Und ein höherer Grad von diesem giebt dem Menschen, der ihn gut anwendet, wiederum Raum und Zeit, Kraft und Lust, für seine geistige, ästhetische, und moralische Vervollkommnung und Glückseligkeit hinzuarbeiten. Alles dieses aber gehört in das Gebiet der Policei. So wenig sie indeß selbst und unmittelbar für Veredlung der Gesinnung zur Sittlichkeit und für die daher entspringende wahre Glückseligkeit wirken kann: so kann sie es doch mittelbar und innerhalb der Grenzen der Staatsgewalt thun. Und das ist ihr letzter, höchster Endpunkt.

§. 5.

Aus dem Allen lassen sich aber auch die Grenzen der Policei selbst bestimmen. „Nur das, was „unsittlich ist, insofern dieses Unsittliche die Sicher„heit gefährdet; und dann nur solche an sich „gleichgültige, wenigstens unvorsätzliche Handlun„gen, welche und insofern sie die Sicherheit stören „oder gefährden, darf sie durch Zwangsgesetze „verbieten und die Uebertreter bestrafen. So „mag sie auch nur das gebieten, durch dessen „Unterlassung, und insofern eben dadurch die „Sicherheit offenbar gefährdet wird. Sonst aber „kann sie weder Sittlichkeit noch irgend Etwas „gebieten, das positiv zum Wohlstand und zur „Glückseligkeit führt. Sondern hier darf und soll „sie nur väterlich rathen, Anleitung geben, und „Anstalten treffen, wie und wodurch Sittlichkeit, „Wohlstand und Glückseligkeit befördert werde."

Die Policei ist demnach das Band, welches den nächsten Zweck der Staaten mit dem Zwecke der Bestimmung des Menschen verbindet; welches Rechtlichkeit an Sittlichkeit, Sicherheit an Glückseligkeit anknüpft; sie ist die festeste Stütze der Staatsverbindung, indem sie nicht bloß rechtliche, sondern auch gute Bürger zu bilden sucht, indem sie nicht nur Sicherheit, sondern auch Wohlstand den Bürgern verspricht. Sie steht in der Mitte zwischen der Zwangsgewalt des Staats und der Vernunftgewalt der Moral; beiden bietet sie ihre Hände, und von beiden entlehnt sie ihre Mittel; von jener in den ge- und verbietenden Strafgesetzen, von dieser in den väterlichen Belehrungen, Rathschlägen und Anstalten.

§. 6.

Nach diesen Voraussetzungen wird es uns leichter die besondern Grenzen zu bezeichnen, welche die Policei theils von der Moral theils von der Gewalt des Staats in peinlichen und bürgerlichen Sachen unterscheiden.

Die Moral hat es, wie wir eben sagten, nur mit der Gesinnung des Menschen zu thun, und ihr stehn auch nur moralische Mittel zu Gebote. Die Policei, insofern sie Gesetze giebt, hat nur Handlungen zum Gegenstande, und die Mittel, deren sie sich insofern bedient, sind angedrohte und im Falle der Uebertretung wirklich vollstreckte Strafen. Der innere sittliche Mensch gehört in das Gebiet der Moral, der äußere in das der Policei.

Insofern sie aber zur Beförderung der Sittlichkeit wirksam ist, insofern ist sie zwar Dienerin der Moral; aber alle ihre Rathschläge, Anleitungen, Anstalten sind doch bloß in der äußeren Welt, die zur Sittlichkeit im Inneren hinführen sollen. — So gehört zur Policei Fürsorge des Staats für Erziehung und Unterricht; die Sache selbst und der Gebrauch, der davon gemacht wird, gehört in das Gebiet der Moral. Denn so wenig sich Sittlichkeit durch äußere Mittel erzwingen läßt: so nothwendig sind doch äußere Anstalten, die zur Sittlichkeit hinführen; und diese gehören in den Wirkungskreis der Staatsgewalt.

§. 7.

Unsittliche Handlungen, welche die Sicherheit des Staats und seiner Bürger absichtlich stören, sind Verbrechen; sie werden im peinlichen Gesetzbuch verboten, und gehören vor das peinliche Gericht. Der Vorsatz, mit welchem die Sicherheit gestört wird, gehört wesentlich mit zum Charakter des peinlichen Verbrechens. Und jeder solcher Vorsatz ist an sich selbst unsittlich. So lange er aber noch im Inneren verschlossen bleibt, gehört er vor das Forum der Moral, des Gewissens. Es muß irgend eine That begangen, die Sicherheit muß geradezu und absichtlich — wenigstens durch den Versuch — gestört worden seyn, wenn von einem peinlichen Verbrechen die Rede ist. — Aber unsittliche Handlungen, die nur die Sicherheit gefährden, d. h. in höchst wahrscheinliche Gefahr setzen, ohne sie noch gestört zu haben, gehören für das Forum der Policei. — Unvorsätzliche, oder auch ganz gleichgültige Handlungen, die nur darum unrechtlich werden, weil sie die Sicherheit stören, sind an sich kein Verbrechen, weil ihnen der eine Charakter, der Vorsatz, fehlt; aber sie sind Policeivergehungen. Dieß ist der Fall mit allen Verschuldungen, delictis culposis. Zeither begriff man sie unter der Kategorie der peinlichen Verbrechen, weil man bloß auf den einen Charakter derselben Rücksicht nahm. Und doch lehrt gewiß Jeden schon sein Gefühl, daß er den vorsätzlichen Mörder nicht mit dem unvorsätzlichen Todtschläger in eine Kategorie setzen wird. Darum rechne ich solche Handlungen zu den Policeivergehungen. — Gleichgültige Handlungen, welche die Sicherheit nur gefährden, begriff man bisher schon unter dem Namen Policeivergehungen; und sie gehören auch mit Recht in diese Klasse. — So ist z. B. vorsätzliches Feueranlegen ein peinliches Verbrechen; unvorsichtiges ein Policeivergehen; es kann und muß aber auch das Tobakrauchen an gewissen Orten von der Policei als ein Vergehen gestempelt werden, wenn und insofern es die Sicherheit gefährdet.

§. 8.

So wie das peinliche Gesetz für die Sicherheit des Rechts und des Eigenthums sorgt, daß sie nicht absichtlich gestört werde: so sorgt das Civilgesetz für die Gewißheit des bürgerlichen Eigenthums und Rechts, durch Bestimmung gewisser Normen und Formen, unter denen Eigenthum und Recht, persönliches und dingliches, erworben, erhalten, verändert, beschweret, übertragen, ausgeübt, benutzt, verloren und wiedererlangt werden kann; um allen willkührlichen Handlungen, wodurch Recht und Eigenthum ungewiß werden, zuvorzukommen. Mit dem allen hat die Policei nichts zu thun; wiewohl sie auch mittelbar eine Dienerin der Civilgewalt ist, wenn sie für Sittlichkeit arbeitet, und dadurch den Ausbrüchen des Eigennutzes, der fremdes Recht und fremdes Eigenthum nur gar zu gern, unter dem Schutz der bürgerlichen Gesetze, oder unter dem Titul der natürlichen Freiheit, beschränken und sich zueignen möchte, entgegenarbeitet.

§. 9.

Man hat zeither, wenigstens in der Praxis, bürgerliches, peinliches und Policeirecht, ihre Gegenstände, Gesetze und Strafen gewaltig untereinander vermengt. Gemeiniglich nahm man nur die Quantität des gestifteten Schadens, oder der festgesetzten Strafe zum Maßstabe an. Geringfügige Diebstähle und Beleidigungen überließ man der Policei, wohl gar den Civilgerichten, größere der peinlichen Gerichtsbarkeit. Betrug im Maaß und Gewicht richtete die Policei, weil man ihr Alles unterwarf, was zum Markt gehört. Aber Todtschläge, Feuersbrünste aller Art, sie mochten nun mit Vorsatz, oder aus Fahrlässigkeit, oder auch nur durch Zufall verursacht worden seyn, zog man vor das Forum des peinlichen Richters. Von Policei überhaupt hatte man keinen bestimmten Begriff. Einst umfaßte man alle ihre Gegenstände unter drei Worten: Sicherheit, Reinlichkeit, Wohlfeilheit. Aber wie schwankend, zum Theil wie eng, zum Theil wie viel umfassend! Und wie wenig war dabei für den Bürger gesorgt, dessen ganze Freiheit der Willkühr des Policeirichters Preis gegeben ward! In dem oben angegebnen Princip glauben wir zugleich die Grenzlinie gefunden zu haben, welche die Policei nicht überschreiten darf, und jenseits welcher die natürliche Freiheit des Staatsbürgers ihren vollen Spielraum behält. „Alle an sich gleichgültige Handlungen, „welche und- insofern sie die Sicherheit weder „stören, noch in höchst wahrscheinliche Ge„fahr setzen, sind keinem Policeigesetz unterworfen. „Selbst diejenigen unsittlichen Handlungen, welche „der Bürger für sich begeht, ohne daß sie nach „außen sichtbar wirken, verbietet die Policei in „ihren Strafgesetzen nicht.“ Und da sie in allem dem, was zur Sittlichkeit, zum Wohlstand und zur Glückseligkeit führt, keine Gesetze giebt, sondern nur Rathschläge ertheilt, Anleitung giebt, und Anstalten bereitet: so ist des Bürgers ganzes häusliches Leben, seine ganze Oekonomie, vom äußeren Zwange frei. Er genießt alle Vortheile der Staatsverbindung, indem er, wenn er die väterlichen Maßregeln der Policei benutzt, seinen Wohlstand verbessern, und seine Glückseligkeit fester begründen kann, ohne es darum schlechterdings, als gerade so und auf diese Art thun zu müssen, auf welche es ihm die Policei empfiehlt. So lange er nichts thut, *) was die Sicherheit stört oder gefährdet, ist er ein freier Mensch. Dieß ist die Grenzlinie. Innerhalb derselben ist er zu seiner eignen Sicherheit dem Zwange des Gesetzes unterworfen; außerhalb derselben ist er es nicht. — Ich weiß zwar wohl, daß die Policei, unter dem Vorwande, Etwas zu verbieten, was die Sicherheit in offenbare Gefahr setzt, oder Etwas zu gebieten, das, ohne die Sicherheit zu gefährden, nicht unterlassen werden mag, immer noch ihr Recht zum Nachtheil des ruhigen Bürgers mißbrauchen kann. Aber wo ist irgend eine menschliche Anstalt, die dem Mißbrauch nicht unterworfen wäre? Wo ist, außer der Mathematik, irgend eine Wissenschaft, in welcher die Grenzlinie so scharf gezogen werden mag, daß sie nicht aus absichtlicher oder unwillkührlicher Mißdeutung überschritten werden könne?

*) Dieses Thun begreift aber auch das Unterlassen dessen in sich, durch dessen Unterlassung eben die Sicherheit gefährdet wird.

§. 10.

Wir glauben aber auch, dieser Mißdeutung und jenem Mißbrauch noch sichrer zuvorkommen zu können, wenn wir die verschiedenen Theile der Policei einzeln durchgehen, und jedem, den allgemeinen Principien gemäß, seinen Kreis anweisen. Die Policei ist nach dem, was wir darüber gesagt haben, von weiterem Umfange, als irgend ein andrer Theil der Staatsgewalt. Dieß bezeugt schon ihre Tendenz. Wenn die andern alle sich in den Schranken der Rechtlichkeit und Sicherheit halten müssen: so bahnt die Policei den Weg zur Sittlichkeit und Glückseligkeit. Wenn jene alle nur Zwangsrecht, Zwangspflichten, Gebote und Verbote, bürgerliche und peinliche Strafen zu ihren Mitteln haben: so hat diese noch überdem die Erziehungsmittel des Vaters, des Hausherrn, des Pädagogen. Jene haben ganz allein den Staatsbürger, als solchen, im Auge; diese betrachtet ihn auch als sittliches Wesen.

§. 11.

Man kann aber die verschiedenen Abtheilungen der Policei theils nach ihren verschiedenen Zwecken, theils nach den Materien machen. Nach Jenen würde Alles in vier Hauptfächer zerfallen; das Eine nach der Absicht, Verbrechen zu verhüten; das Zweite nach der Absicht, Unglücksfällen zuvorzukommen, und ihre Folgen zu mildern; das Dritte, nach dem Zweck, den äußerlichen Wohlstand zu befördern; und das Vierte nach dem Zweck, die äußere Sittlichkeit herzustellen, zu erhalten, und zu erhöhen, und auf diese Weise auf innere Sittlichkeit und Glückseligkeit zu wirken, so weit dieß in ihren Schranken liegt. Nach den Materien steht die Moralität an der Spitze. Dann folgt die Fürsorge für das physische Leben und für die Gesundheit der Bewohner des Staats, und hierauf unmittelbar die Fürsorge für die ersten und unentbehrlichsten Bedürfnisse des menschlichen Lebens. Die Vorkehrungen der Policei zu Abwendung bedeutender Unglücksfälle für das Eigenthum und zu Minderung ihrer Folgen machen die vierte Klasse. Die fünfte betrifft den Wohlstand im Allgemeinen; so wie die sechste und siebente den Wohlstand der Städte und Dörfer insbesondre. Nach diesen Materien werde ich die verschiedenen Zweige der Policei einzeln durchgehn, und das, was ich im Allgemeinen bisher gesagt habe, darauf anzuwenden suchen; zum Schluß aber noch die Frage beantworten: Warum und in wie weit ich einige Gegenstände ausschließe, mit denen die Policei sich zeither beschäftigte?

§. 12.

I. 1) Insofern Erziehung und Unterweisung der Unmündigen ein Gegenstand der Fürsorge des Staats ist und seyn kann, insofern gehört sie auch wesentlich zur Policei. Daß sie es aber ist, beweißt das Princip, worauf wir die Policei gegründet haben. Nicht, als ob sie sich in die Familienrechte des Hauswesens einmischen, nicht, als ob sie die häusliche Erziehung und den häuslichen Unterricht verdrängen, oder jener und diesem einen Anstrich der Staatsverfassung geben, oder beiden gewisse Normen und Formen vorschreiben dürfe, nach welchen sich der Bürger benehmen müsse. Weit entfernt, den Hausvater zu beschränken, sucht sie ihm nur durch Rathschläge, hauptsächlich durch Anstalten, sein Geschäft zu erleichtern. Aber der Vater, der seinem Kinde eine offenbar unmoralische Erziehung giebt, oder der es absichtlich nach offenbar unmoralischen Principien unterrichten läßt,

ver=

vergeht sich am Staate, dessen Sicherheit er durch diese seine unsittliche Handlung in Gefahr bringt; und darum wird er der Policei und ihren Verfügungen unterworfen. Ist aber die Policei darum befugt, dem Vater das Kind wegzunehmen, und es in einer öffentlichen Anstalt erziehen zu lassen? Sie ist es, aber nur dann,

- wenn ein Policeigesetz, das dieses gebietet, vorhergegangen ist;
- wenn der Vater von der Obrigkeit verwarnt und damit bedroht worden war;
- wenn die unsittliche Erziehung, oder der unmoralische Unterricht rechtlich erwiesen, und der Vater durch ein Erkenntniß der Erziehungsgewalt entsetzt ist;
- wenn unter den nächsten Verwandten des Kindes sich niemand findet, der seine Erziehung und Unterweisung nach moralischen Grundsätzen übernehmen kann und will.

In diesem Falle kann und muß der Staat die Stelle des Vaters vertreten; und das Kind wird, gleichsam als ein Waise, von ihm angesehen und aufgenommen, doch, daß die Religionspartei und die Volksklasse, wozu der Vater gehört, mit berücksichtigt werde. Sobald der Vater ernstliche Versicherung und sprechende Beweise giebt, daß er nun sein Kind moralisch erziehen und unterrichten wird: sobald leben die väterlichen Rechte wieder auf, und die provisorische Einmischung des Staats hört von selbst auf. — *) So kann und muß auch die Policei verlangen, daß die Unmündigen bis zu den Jahren, da sie in das bürgerliche Leben eintreten, in den Elementen der Moral, Religion und des menschlichen Wissens überhaupt unterrichtet werden sollen. Denn von einem darin ganz ununterrichteten Bürger hat in unsern gebildeten Zeiten der Staat für Eigenthum und Recht der andern Bürger nahe Gefahr zu besorgen. Zu dem Ende

*) Ich rede hier aber nur von offenbar unmoralischen Grundsätzen der Erziehung und des Unterrichts; nicht von dem Fall, wenn der Vater sein Kind vielleicht nach fremden Religionsgrundsätzen erziehen und unterweisen will. Das steht jedem Vater frei, insofern sie nicht unsittlich sind, und dadurch die Sicherheit des Staats gefährden. Denn welcher Sterbliche hat unter so vielen Ringen, die der Vater seinen Kindern hinterließ, denjenigen gefunden, von dem er gewiß und bestimmt behaupten kann: dieser allein sei der ächte?

kann und darf die Policei gebieten, daß niemand, der sich nicht legitimiren kann, jenen Elementarunterricht genossen und nach seinen Kräften benutzt zu haben, unter die aktiven Staatsbürger aufgenommen, daß ihm, so lange er sich nicht den nöthigen Elementarunterricht geben ließ, kein unbewegliches Eigenthum zugeschrieben, daß er zu keinem Handwerk, keiner Kunst zugelassen, noch weniger zu irgend einem Amte befördert werde. *) Das Heirathen mag ihm nicht verwehrt werden, denn das ist kein Recht des Bürgers, sondern des Menschen; und so mag er auch als ein passiver Bürger im Staate leben und handthieren. Wird er aber ein Vagabond oder Bettler: so kommt er

*) Von diesem Befugnisse des Staats ist das der Kirche abgesondert. Diese mag es gar wohl verlangen, daß Kinder, ehe sie zu Mitgliedern der Kirche aufgenommen werden, Beweise der in dem Religionssystem der Kirche erlangten Kenntnisse geben, und daß diejenigen, welche sich nicht zu Mitgliedern der kirchlichen Gesellschaft qualificiren, von ihr zurückgewiesen werden. Das gehört aber zu den Gesellschaftsrechten der Kirche, nicht zu den Policeirechten des Staats.

in diejenige Klasse von Menschen, auf welche ein andrer Theil der Policeigewalt gerichtet ist. — Dieß sind, wie ich glaube, die beiden einzigen Zwangsrechte, welche die Policei hierunter ausüben kann. Uebrigens wird und muß sie, wenn sie ihres Zweckes würdig handeln will, Erziehungsinstitute errichten, zweckmäßig organisiren, und gut dotiren, in welchen verwais'te *) und arme Kinder

*) Die Frage: Ob es besser sei, die Waisen in eigends dazu bestimmten Häusern, oder außerhalb derselben in mehrern einzelnen Familien erziehen und unterrichten zu lassen? kann ich hier nur im Vorbeigehn berühren. Beide Meinungen haben wichtige Gründe für sich. Wenn man den ökonomischen Vortheil im Auge hat, und wenn man Unreinlichkeit und Krankheit als ein Attribut des Waisenhauses betrachtet: da hat die letzte Meinung unstreitig das Uebergewicht. Aber da man diese Uebel doch aus den Waisenhäusern unsrer Zeit verbannt hat: so glaube ich, die Wohlfeilheit abgerechnet, immer noch einem gut organisirten Waisenhause den Vorzug geben zu müssen, weil sich doch leichter ein guter Lehrer, ein guter Waisenvater, eine gute Waisenmutter ausfindig machen lassen müssen, als daß man hoffen dürfe,

erzogen werden können; wenn nämlich ihre Vormünder, Eltern und Pfleger es wünschen. Sie wird und muß Industrie, Handel und Militairinstitute gründen, jene für künftige Handwerker und Kaufleute, diese für künftige Soldaten — so lange noch die Existenz unsrer Staaten auf der Existenz stehender Heere mit beruht. Sie wird und muß Erziehungsanstalten für künftige Gelehrte und Staatsdiener stiften; — — aber keinen Vater, keinen Vormund zwingen, sein Kind, seinen Pflegling dem einem oder andern Institute anzuvertrauen; sie wird sie nur für diejenigen offen halten, welchen es an Kraft, oder an Verstand, oder an Zeit, oder an Vermögen mangelt, ihre Kinder selbst oder durch Privatlehrer zu erziehen und zu demjenigen Stande zu bilden, in dem sie einst sich und dem Staate nützlich werden können.

30 bis 50 einzelne gleichgute Hausväter und Hausmütter, und 10 bis 20 gleichgute Schullehrer zu finden, denen man mit gleicher Zuversicht die Erziehung von 30 bis 50 Kindern außer dem Institut anvertrauen könnte; und weil das Ganze in einem Hause weit leichter und sichrer übersehn werden kann, als in so vielen zerstreuten Familien.

Und so wird sie auch kein Zwangsgesetz geben, daß öffentliche Lehranstalten durchaus besucht werden müssen. Selbst dem Bauer muß es freistehn, wenn er dazu Zeit, Kraft und Kenntniß hat, seine Kinder selbst zu unterrichten, oder durch eigne Lehrer, oder in andern Schulen unterweisen zu lassen. *) Um aber die Unterweisung zu befördern, muß sie für genugsame, tüchtige,

*) Dieses befreit aber den einzelnen Bürger und Bauer nicht von der Schuldigkeit, seinen Beitrag zum Unterhalt der Lehrer und der öffentlichen Schulanstalt seines Orts zu leisten. Das ist eine Beschwerde, die ihm als Mitglied der Gesellschaft nothwendig obliegt, wenn er auch an den aus jener Anstalt resultirenden Vortheilen für sich keinen Antheil nehmen will. Denn so wenig die Gesellschaft, in der er lebt, ein Recht hat, ihn seiner natürlichen Freiheit und seines Rechts, das er als Mensch hat, (seine Kinder selbst zu unterweisen, oder nach seiner Ueberzeugung für ihren Unterricht zu sorgen,) zu entsetzen: so wenig wird er durch dieses sein Menschenrecht von der Verbindlichkeit befreit, die er der Gesellschaft, kraft des Gesellschaftsvertrags, schuldig ist.

gut besetzte, und gut dotirte Schulen, Dorf- und Bürgerschulen für Söhne und Töchter, gelehrte Schulen, Universitäten und Seminarien für Schullehrer sorgen. In denjenigen Ländern, wo es Patronatsschulen giebt, würde es ein Eingriff in die hergebrachten Rechte der Kommunen, Stadträthe, Gutsbesitzer seyn, wenn die Policei ihnen gebieten wollte, ihre Schullehrer nur aus den Seminarien zu berufen; zumal da auch außerhalb derselben tüchtige, manchmal wohl noch tüchtigere — Männer gebildet werden können. Desto strenger aber muß die Prüfung dieser Kandidaten, desto sorgfältiger muß die Aufsicht auf diese Schullehrer seyn. Allein das kann den Patronen und Kommunen überall zur Pflicht gemacht werden, daß ihre Schullehrer nach den Zeitumständen anständig besoldet werden. Wenn indeß Unvermögen dieses den Patronen und Gemeinden nicht erlaubt: so trete der Staat ins Mittel, und ergänze den Mangel aus der allgemeinen Landeskasse, weil der allgemeinen Sicherheit daran gelegen ist, daß gute Lehrer angestellt, und von ihnen gute Bürger und Hausfrauen gebildet werden. — Zu dem allen müssen noch öftere Besuche und Prüfungen hinzukommen, theils für die öffentlichen und als Staatsdiener zu betrachtenden Erzieher und Lehrer mit ihren Zöglingen und Schülern, theils für die Privatlehrer und Privatinstitute, theils für alle diejenigen, welche aus der Schule heraustreten, und entweder die Universitäten besuchen oder in irgend ein städtisches oder ländliches Gewerbe oder sonstige Lebensart eintreten wollen. Je strenger alle diese Prüfungen sind, desto mehr ist für gute Erziehung und Unterweisung zu hoffen. Freilich setzt das aber — und dieß ist die oberste Pflicht der Policei in diesem Punkte — liberale, einsichtsvolle, wohlwollende, und doch feste Männer, Männer von Geist und Herz voraus, welchen die Policei im Fache des Unterrichts und der Erziehung für ein ganzes Land anvertraut wird. Sie dürfen durchaus nicht in die Fesseln eines Systems geschmiedet, keine Verehrer unabänderlicher Normen und Formen seyn. Sie müssen das Gute schätzen, wo sie es finden, und jeden Keim pflegen, wenn er auch auf einem ihnen ganz fremden Boden entsprossen wäre. — In großen Staaten, *) die

*) In kleineren einförmigen Staaten, wie in Sparta, kann Nationalerziehung nur Staatszweck haben, darum gehört sie da bloß in das Fach der Politik, nicht in das der Policei.

aus verschiedenen, wohl gar heterogenen, Theilen ein Ganzes bilden, kann man noch die Frage aufwerfen: Ist eine Nationalerziehung rathsam? ist sie nöthig? und gehört sie für die Policei? Insofern man dadurch keinen andern Zweck beabsichtigt, als den, daß man die Bürger verschiedener Provinzen, Länder, Reiche, die durch verschiedene Sprachen, Religionen, Klimate, Sitten, Gebräuche rc. von einander abgesondert, aber unter einem Regenten zu einem Körper vereinigt sind, als Glieder einer großen Familie mit einander näher bekannt machen, inniger mit einander verbinden, und zu einer engern Bruderliebe unter sich führen, ihnen Liebe und Ehrerbietung für ihren gemeinschaftlichen Regenten, und Zufriedenheit mit den Hauptgrundsätzen, nach welchen sie alle regiert werden, einflößen, dadurch aber mehr Vaterlandsliebe und Patriotismus in ihnen erwecken will; insofern halte ich sie für rathsam; denn sie hat einen löblichen Zweck, wodurch nicht nur Wohlstand und Zufriedenheit der Individuen, sondern auch ein höherer Grad von Sicherheit des Ganzen und von Sittlichkeit der Einzelnen befördert wird. Insofern man aber durch Nationalerziehung die Unterthanen in eine Uniform der Staatsmaximen einzwängen, sie bloß als Mittel zu dem individuellen Zwecke der Regierung abrichten, ihrer Selbstständigkeit, Geisteskultur und Menschenwürde Fesseln anlegen, und sie durch Angewöhnung zu einer partheiischen Vorliebe für ihren Staat, mit Verkenntniß und Geringschätzung andrer Staaten, oder gar mit Haß gegen sie, hinleiten will: insofern halte ich Nationalerziehung für schädlich, und widersprechend mit dem Zweck der Erziehung überhaupt, welche auf Bildung des ganzen Menschen abzwecken soll. Nach jenem edeln Zweck hat sie Herr Zöllner betrachtet; und wenigstens in den meisten Punkten stimme ich ihm auch in Ansehung der Mittel bei, deren einige allgemein anwendbar, einige auf den Preußischen Staat insbesondre berechnet sind. — Die absolute Nothwendigkeit einer solchen Nationalerziehung läßt sich nicht erweisen; aber ihre hypothetische Nothwendigkeit würde sich aus ihrer Nützlichkeit, und aus der Einheit des Regenten und des Vaterlandes herleiten lassen, wenn nicht die mannichfachen Veränderungen, welche die policirten Staaten, zumal seit vierzig bis funfzig Jahren erfahren haben, das Gegentheil anzudeuten schienen. Denn sobald eine Provinz aus den Händen ihres jetzigen Herrn in die

Hände eines neuen Regenten übergeht: sobald geht nicht nur wenigstens der größte Theil der jetzigen Nationalerziehung verloren, sondern mit dem neuen Vaterlande und dem neuen Regenten müssen auch die Unterthanen eine neue Nationalerziehung bekommen, welches dann um so beschwerlicher ist, weil das Alte erst ausgejätet werden muß, ehe das Neue eingesäet werden kann. So lange diese Krise dauert, scheint es mir nützlicher, die jungen Staatsbürger nur geschichtlich mit dem Wenigen bekannt zu machen, was sie aus der Verfassung und Geschichte ihres jetzigen gemeinschaftlichen Vaterlandes und ihres jetzigen Regenten zu lernen haben; und sie überhaupt über das Recht, Pflichten und Verhältnisse der Regenten und Unterthanen zu belehren. Dieses bleibt ihnen unter jedem Fürsten nützlich; jenes können sie als geschichtliche Kenntniß in jedes neue Vaterland mit übertragen. Wird aber einmal diese große Krise vorüber seyn, und wird man einmal mit Grunde hoffen können, daß die bestehenden Reiche wenigstens ein Jahrhundert hindurch in ihren Haupttheilen fest stehen werden: dann wird eine solche Nationalerziehung für nützlich, und nach der Stufe der Kultur, auf der unser Zeitalter steht, und die man indeß ersteigen wird, für nöthig erachtet werden können. Und dann gehört auch ihre Veranstaltung im Allgemeinen nebst der Oberaufsicht darüber zur Policei, weil ihre Tendenz ist, die Individuen mit ihrer Lage zufrieden zu machen, ihren Wohlstand zu vermehren, ihre Sittlichkeit zu befördern, und die Sicherheit des Ganzen zu befestigen.

§. 13.

I. 2) Man kann nur mit großer Einschränkung behaupten, daß Religion und Kultus zu den Gegenständen der Policei gehört. Von der Religion im engsten Sinn kann es gar nicht gesagt werden, diese ist Gesinnung des Herzens. Und die äußere Religion, die Einrichtung des Kultus, nebst allem, was dazu gehört, rechnen wir zu den gesellschaftlichen Rechten der Kirche. Die geistliche Gerichtsbarkeit ist, in so weit sie nicht als Censur einen Theil der Kollegialrechte der Kirche ausmacht, nur zufällig ein Anhang der Kirchengewalt geworden, und gehört, ihrer Natur nach, zur peinlichen und bürgerlichen Gerichtsbarkeit überhaupt. Und insofern sie Censur oder kirchliche Policei ist, insofern hat der Staat kein Recht, sich darein zu mischen. Nur diejenigen Rechte, die man in einer andern Beziehung Majestätsrechte zu nennen pflegt, sind es, welche ich in dieser Hinsicht der Policei zueigne. Sie hat nämlich dafür zu sorgen, daß keine Religionsparthei und kein Kultus im Staat aufgenommen oder geduldet werde, der durch die Unsittlichkeit seiner Principien überhaupt oder durch ihren Widerspruch gegen die Fundamentalverfassung des Staats, insbesondre die Sicherheit gefährde; sie hat dafür zu sorgen, daß die aufgenommenen und geduldeten Religionspartheien durch ihre Grundsätze und durch ihren Kultus nicht den andern Staatsbürgern oder dem ganzen Staate gefährlich werden; und darum ist sie auch befugt, wenn diese oder jene Kirche in ihrem System oder Kultus wesentliche Veränderungen vornehmen will, solche vorher zu prüfen, ob sie sich mit der Sicherheit des Ganzen und der Einzelnen vertrage. Sie hat ferner dafür zu sorgen, daß die Sicherheit der einmal aufgenommenen oder geduldeten religiösen Gesellschaft und ihres Kultus nicht durch unbesonnene Handlungen gestört, und nicht durch unsittliche Handlungen gefährdet werde. Und da der Staat diesen Kirchen auch gestatten muß, daß diejenigen Zeiten und

Oerter, welche nach den Statuten der Kirche zum Kultus bestimmt sind, dahin ungestört verbleiben: so muß die Policei auch darauf sehen, daß diejenigen Mitunterthanen, die zu einer andern Kirche gehören, jene kirchliche Gesellschaft in dem Genuß dieses Rechts nicht beinträchtigen. Weiter erstreckt sich hierunter die Policei nicht. Denn daß die eignen Mitglieder der Kirche jene Zeiten und Oerter heilig halten, gehört zur inneren, für den Staat unzugänglichen, Kirchendisciplin. Und wenn die Regierung gewisse allgemeine Feste, als Bettage, Dankfeste u. dergl. anordnet, an welchen jede Kirche, nach ihren Statuten, zum allgemeinen Endzweck mitwirken soll; oder wenn sie verordnet, daß an gewissen, nur der einen — begünstigten — Religionspartheì eignen Festtagen, auch von allen andern Religionspartheien keine Wochenarbeit verrichtet, keine geräuschvolle Lustbarkeit angestellet werde: so gehören diese und ähnliche Verfügungen nicht zur Policei, sondern zu den politischen Anordnungen der landesfürstlichen Gewalt. — *)

*) Absichtliche Störung des Kultus gehört zu den peinlichen Verbrechen; unvorsätzliche Störung und unsittliche Gefährdung der Sicherheit desselben für die Policei.

Da endlich die Policei, so weit es in ihrer Macht steht, Sittlichkeit und Glückseligkeit herbeiführen soll: so wird sie auf der einen Seite durch vernünftige Toleranz diesen großen Hauptzweck zu befördern suchen; auf der andern aber dahin streben, daß jener Hauptzweck des Menschen auch der Hauptzweck der im Staatsbezirk lebenden Religionspartheien werde. — Ohne Gott und ohne Religion kann kein Staat bestehn. Denn wenn sich auch ein kleiner Kreis von Weisen denken läßt, die bloß aus Vernunftgründen, ohne Beziehung auf Gott, sittlich gut gesinnt seyn und handeln könnten: so läßt sich doch das von einem Volke gar nicht behaupten. Religion muß in einem Staate da seyn, wenn dieser auf Sicherheit durch Rechtlichkeit Anspruch machen will. Je sittlicher und religiöser ein Volk ist: desto rechtlicher wird es seyn. Das beweißt es aber schon ohne weitre Gründe, daß diejenige Religion, die zunächst zur wahren religiösen Sittlichkeit hinleitet, daß derjenige Kultus, der sittliche Gesinnung am meisten befördert, daß diejenige Gesellschaft, die durch ihre innere Verfassung über Reinheit der Sitten am schärfsten wacht, daß diejenigen Religionslehrer, die durch Unterricht und Beispiel die frömmste

Gesinnung und Gesittung bewirken, den Staatszweck am sichersten befördern; daß mithin die Policei, ohne durch Zwangsgebote und Verbote einzugreifen, durch Empfehlungen, Einrichtungen und Anstalten zu jenem Zweck mitzuwirken berechtigt ist.

§. 14.

I. 3) Die Aufsicht auf die Sitten des Volks, welche der Policei, in Hinsicht auf Moralität, gebührt, kann, ihrer Natur nach, nur auf die äußere Gesittung sich erstrecken. Hier steht sie mitten inne zwischen der Staatsgewalt in peinlichen Fällen und zwischen der Moral. Ihre Tendenz ist, theils zu verhüten, daß durch angewöhnte böse Sitten keine peinlichen oder Policeivergehungen begangen werden; theils böse Gewohnheiten den Menschen abzugewöhnen und sie zu gesitteten Menschen zu bilden.

Es sind aber drei Klassen von Menschen, welche diese Aufsicht erheischen. Zur ersten rechne ich diejenigen, welche sich zur Trunkenheit, zur groben Wollust, zur Spielsucht, zur Liederlichkeit und Verschwendung, zur Unverträglichkeit offenbar und entschieden verwöhnt haben. Diese sind, wie ich glaube, erst durch unbescholtene, einsichtige, brave Männer, welche bei der Gemeinde in Ansehen stehn, wozu die Kommunvorsteher in Städten und Dörfern zu rechnen sind, liebreich zu verwarnen; (und darum sind große Gemeinheiten in viel kleine Bezirke abzutheilen, so daß die Aufsicht über die Sitten eines jeden Bezirks einem solchen Vorsteher insbesondre anvertraut wird.) Wenn sich der Ungesittete auf wiederholte Warnungen nicht bessert: ist er der Policeiobrigkeit anzuzeigen, von dieser aber ernstlicher zu warnen, ihm auch zu eröffnen, daß er sich durch seine Unsittlichkeit, so lange er in derselben beharret, des öffentlichen Vertrauens unwürdig, mithin auch zu allen Würden und Ehrenstellen in der Gemeinde unfähig macht. So lange er aber kein Verbrechen oder Policeivergehn begeht, ist er, um der Unsittlichkeit willen allein, nicht zu bestrafen, sondern nur in strenger Aufsicht zu behalten, damit er keines verübe.

Die zweite Klasse begreift Vagabonden und Bettler. Für beide ist eine Zwangsarbeitsanstalt nöthig, wohin die zum zweitenmal betretnen — beim ersten Ertappen sind sie nur damit zu bedrohn — gebracht, und zur Arbeit darin angehalten werden. Wie solche Anstalten einzurichten sind, daß durch sie die Sittlichkeit befördert werde, das hat durch Beispiel und Unterricht Graf Rumford gelehrt, der in seinen trefflichen Anstalten zu München die aufgegriffnen Vagabonden und Bettler durch Reinlichkeit zur Selbstachtung, durch kleinen Geldverdienst zum Fleiße, durch angemessene Kost und Behandlung zur Zufriedenheit mit einem stillen ordentlichen Leben gewöhnt, und dabei die Anstalt selbst so organisirt hat, daß sie nicht nur nicht kostbar, sondern sogar einträglich für den Staat wurde. — Ob der Müßiggänger bloß darum, weil er ein Müßiggänger ist, der Policeiaufsicht zu unterwerfen sei? dürfte vielleicht von Manchen bejahet werden, weil er nicht für den Staat arbeitet, und am Ende ein Vagabond oder Bettler werden kann. Ich verneine sie aber darum, weil er bei seinem Müßiggang doch immer so viel eignes Vermögen besitzen kann, daß er, ohne dem Staate zur Last zu fallen, darin zu leben im Stande ist. Ist dieses nicht der Fall: so gehört er, höchst wahrscheinlich, unter die Liederlichen und Verschwender. Aber als bloßer Müßiggänger verdient er von der Policei noch keine Censur. Und wie mancher vornehme Müßiggänger würde sonst nicht unter diese Kategorie kommen?

Zur dritten Klasse gehören diejenigen Verbrecher, welche nach überstandener Strafzeit noch im Verdacht bleiben, daß sie die Sicherheit des Staats gefährden; mithin vorzüglich bestrafte Diebe, Räuber und boshafte Menschen; aber auch ein jeder andrer Verbrecher, dem der Richter, unter dessen Aufsicht er seine Strafzeit verlebte, kein Zeugniß der Besserung ertheilen kann, sondern den er als einen gefährlichen Menschen bezeichnet. Alle diese werden, gleich den Ungesitteten der ersten Klasse, von der Policei genau beobachtet. Es wird ihnen aber auch von derselben Gelegenheit angewiesen, sich ehrlich zu nähren; die Policei wird genau aufmerken, ob und wie sie die ihnen dargebotene Gelegenheit benutzen, und was ihr ganzes Betragen hoffen oder fürchten läßt. Sie wird über die Anwendung ihrer Zeit und Kräfte Rechenschaft von ihnen fordern, und es an Ermahnungen und Warnungen nicht fehlen lassen; besonders wird sie sorgfältig beobachten, ob zu dem schon vorhin von diesem Individuum verübten Verbrechen sich Hang und Neigung in ihm verspüren läßt. Und diese strenge Policeiaufsicht kann nur durch gründliche Besserung aufhören. Uebrigens mag auch diese Klasse von Menschen, gleich der ersten, weder gestraft, noch in ein Zwangsarbeitshaus gebracht werden, so lange das Individuum kein peinliches oder Policeiverbrechen begeht, oder kein Vagabond oder Bettler wird.

Einen bedeutenden Einfluß auf die Sitten der Nation haben Bücher und Volkslieder. Es gehört daher zur Sittenpolicei, den Abdruck, die Herausgabe und die Verbreitung sittenverderblicher Bücher, Lieder, Gemälde, Kupferstiche, unbedingt zu untersagen und zu verwehren. Es kann sich aber diese Censur, ihrer Natur nach, nur auf solche Bücher, Lieder und Kunstwerke erstrecken, welche Irreligiosität und Immoralität geradezu befördern, welche Aufruhr und Ungehorsam gegen die Obrigkeit geradezu predigen, und welche besonders geradezu die Phantasie mit unkeuschen Bildern erfüllen, und das Herz für Unzucht erhitzen. Alle andre Schriften und Kunstwerke, wenn auch durch sie hin und wieder Verderbniß der Sitten veranlaßt und befördert werden mag, sind dieser Censur der Sittenpolicei nicht unterworfen.

So gehört auch für die allgemeine Sittenpolicei die Aufsicht auf die im Staate bestehenden, öffentlichen oder geheimen, Gesellschaften. So wenig sich der Staat oder die Policei in das Innere irgend einer Gesellschaft einmischen darf: so ist sie doch befugt und berechtigt, ihre Statuten und Grundgesetze einzusehn, und ihre Existenz im Staatsbezirk zu erlauben oder zu verwehren. Sie ist aber verbunden keine Gesellschaft zu verbieten, als diejenigen,

die in ihren Grundgesetzen sich unmoralische Zwecke, oder unmoralische Mittel, oder beides erlauben;

die dem allgemeinen Zweck der Staatsverbindungen entgegenlaufende Principien unter die ihrigen aufnehmen;

deren Grundsätze mit der in diesem Staate bestehenden speciellen Verfassung offenbar streiten, und

die ihre Statuten der Policei durchaus nicht kund machen wollen.

Wenn aber eine Gesellschaft ihre Statuten der Policei mitgetheilt hat, und nun diese jene negativen Erfordernisse besitzen: dann ist die Policei auch schuldig, sie im Staatsgebiet zu dulden, folglich ihr auch den Schutz der Policei angedeihen zu lassen; wiewohl auch diese Gesellschaften immer noch der Aufsicht der Policei in so weit unterworfen bleiben, daß nicht nachher durch sie die Sittlichkeit und Sicherheit des Staats gefährdet werde. Hat sie aber einer Gesellschaft ihre politische Existenz im Lande verwehrt, und die Mitglieder der Gesellschaft wollen ihr, aller Belehrung, Verwarnung und Bedrohung ungeachtet, nicht entsagen: so sind diese ungehorsamen Bürger, insofern sie sich nicht dabei eines peinlichen Verbrechens schuldig gemacht haben, als Policeisünder, den gegebnen Gesetzen gemäß, auf vorgängige Untersuchung und Erkenntniß zu bestrafen; es mag sich jedoch die Policeistrafe weiter nicht, als höchstens auf Verbannung aus dem Staatsgebiet erstrecken. — So wie nun die Landespolicei auf die so eben bemerkte Weise dem Sittenverderben vorzubeugen bemüht ist: so steht ihr auch das moralische Hülfsmittel zu Gebot, die Verbreitung moralischguter Bücher, Volkslieder, Kunstwerke, Gesellschaften, durch Begünstigung, Belohnung, Belobung, Empfehlung und andre moralische Mittel zu befördern.

Die öffentlichen Volksfeste verdienen und erfordern auch die Aufsicht der Sittenpolicei; theils, daß von der Policeiobrigkeit keine solchen Feste und Vergnügungen geduldet werden, welche Unsittlichkeit predigen, und zur Unsittlichkeit geradezu hinführen, als unzüchtige Schauspiele u. dergl., theils, daß die Lokalaufseher der Sitten den öffentlichen Festen und Volksvergnügungen beiwohnen, und es zu verwehren suchen, daß nichts offenbar Unsittliches dabei vorgenommen werde. Dahin muß schon ihr Ansehen wirken; sie mögen aber auch diejenigen, welche sich dessenungeachtet grober Unsittlichkeit schuldig machen, ermahnen und warnen, und äußersten Falls die Veranstaltung treffen, daß derjenige, der dadurch die Ruhe, die Ordnung und die gemeinschaftliche Freude stört, aus der Gesellschaft entfernt und nach Hause zurückgeschickt werde. Wen seine Unsittlichkeit zu Verbrechen oder Policeivergehungen verleitet, der werde der Obrigkeit angezeigt, und nöthigen Falls in Verhaft genommen. Und eben dieses zu verhüten, dahin muß die Aufsicht der Sittenpolicei vorzüglich hinarbeiten. Uebrigens darf sie sich in die Vergnügungen des Volks nicht einmischen, den, wenn schon groben, aber nicht unsittlichen, Ausbruch der Freude, welcher unter rohen Menschen anders als unter gebildeten sich äußert, nicht stören, keine Vorschriften machen, sondern nur still zusehn, daß nichts Unsittliches geschehe.

Außer dieser allgemeinen Aufsicht der Policei auf die Sitten des Volks ist sie auch berechtigt und verpflichtet, auf die Sitten aller und jeder Staatsdiener, durch ihre Dienstvorgesetzten, besondre Aufsicht zu führen. Diese Censur kann sich aber weiter nicht erstrecken, als auf Ermahnungen, Warnungen, Verweise, angedrohte und realisirte Ausschließung von weitrer Beförderung, endlich im höchsten Grade auf angedrohte und realisirte Entsetzung vom Amt oder Dienst, insofern die Unsittlichkeit von der Art ist, daß sich der Staatsdiener eben dadurch zu fernerer Verwaltung seiner Stelle unfähig macht. Dieses setzt aber ein vorhergegangnes Gesetz, darauf erfolgte Verwarnung, Verhör und Erkenntniß voraus, damit der Staatsdiener nicht ein Opfer der Leidenschaft oder der Kabale werde.

Aus eben den Gründen, aus denen wir Warnungen und Strafen zur Verbesserung der Gesittung vorgeschlagen haben, aus eben denselben können wir auch Belobungen und Belohnungen zu demselben Zweck empfehlen. Nur daß sie, gleich jenen, nicht auf einzelne Handlungen, sondern auf eine durch viel fortgesetzte gute Handlungen bewiesene gute Gesittung (z. B. einem Dienstboten, der 8 — 10 Jahre fleißig, treu und gehorsam gedient hat; Eltern, die mehrere Kinder in allem Betracht gut erzogen haben, u. s. w.) bestimmt, sparsam, selten und mit Weisheit vertheilt, und so zu dem

Zweck der inneren Vervollkommnung benutzt werden. — Tugend ist mit der wahren Ehre eins; an diese grenzt zunächst die äußere Ehre vor allen andern äußern Reizen. Darum kann und muß man auch die Ehrbegierde überhaupt benutzen, um durch sie zur wahren Ehre, mithin zur Sittlichkeit selbst den Menschen hinüberzuleiten.

§. 15.

II. 1) Ein weites Feld eröffnet der Policei die Fürsorge für Leben und Gesundheit der Landeseinwohner. Wir werden ihre darauf Bezug habenden Pflichten und Rechte in verschiedene Fächer abtheilen müssen. Fürsorge für gesunde Luft, gesundes Wasser, gesunde Nahrungsmittel ist das Erste. Luft und Wasser wird durch Unreinlichkeit verpestet. Darum kann und muß die Policei verordnen, daß die öffentlichen Wasserbehälter nicht verunreinigt, daß Alles, was Fäulniß veranlaßt, nicht auf Gassen und Straßen geworfen werde; sie kann und muß aber auch veranstalten, daß Schmuz und Unrath aller Art aus den Straßen, Schleusen, öffentlichen Wassern, in allen andern öffentlichen Orten von Zeit zu Zeit hinweggeschafft werde, welches entweder durch vereinte Kraft aller Einwohner, oder auf öffentliche Kosten geschehen kann. Darum kann und muß die Policei auf diejenigen Gewerbe, welche besonders der Gesundheit gefährlich werden können, besondre Aufsicht führen, und ihnen zu ihrem Gewerbe, z. B. den Gerbern, den Schlächtern in großen Städten, den Gifthütten u. s. w. abgesonderte Plätze anweisen. Und so hat auch die Gesundheitspolicei darauf zu sehen, daß keine offenbar schädlichen Nahrungsmittel dem Publikum zum Kauf angeboten werden; kein ungesundes Brod und Bier, kein mit schädlichen Ingredienzien verfälschter Wein, Branntewein, Essig, kein verdorbenes Fleisch und Gemüse u. s. w. Sie hat die Pflicht und das Befugniß, deßhalb bestimmte Policeigesetze zu geben; wer sie aus Leichtsinn oder aus Unvorsichtigkeit übertritt, wird von der Policei bestraft; wer es aber absichtlich thut, um dem Leben oder der Gesundheit Andrer zu schaden, oder auch aus Eigennutz, aber wohlwissend, daß er dadurch dem Leben oder der Gesundheit seiner Mitbürger schadet, fällt in die Hände des peinlichen Gerichts. Darum muß aber auch die Policeiobrigkeit oft nachsehen, und untersuchen: ob die dem Publikum dargebotenen Nahrungsmittel gesund sind, und ob die übrigen für die Reinlichkeit und für die darauf mit beruhende Gesundheit der Luft und des Wassers gegebenen Vorschriften befolgt werden? Ueberdem prüft sie noch Anstalten und Einrichtungen, um das Alles zu befördern; sie läßt z. B. Sümpfe austrocknen, Brunnen graben, Röhrwasser hereinleiten, belohnt diejenigen, welche die gesundesten Nahrungsmittel und Getränke bereiten oder herbeiführen u. s. w.

§. 16.

II. 2) Hebammen, Chirurgen, Apotheker, Aerzte sind diejenigen Personen, von denen das Leben und die Gesundheit der Bürger gesitteter Staaten vorzüglich abhängt. Darum müssen sie Diener des Staats werden; darum müssen sie hinlänglich geprüft, und nur die tüchtig befundenen dem Staate verpflichtet, darum muß über sie besondre Aufsicht geführet werden. Um aber dabei theils die Freiheit nicht zu beschränken, theils nicht selbst der Gesundheit und dem Leben der Staatsbürger durch Privilegien und Monopolien nachtheilig zu werden: so sind einmal alle jene

Funktionen nicht auf bestimmte Personen einzuschränken, sondern wer sich als tüchtig dazu qualificirt, dem ist die Erlaubniß zu geben, seine Kunst und Wissenschaft zu üben. Ferner ist kein Ort an die darin wohnenden Hebammen, Aerzte ꝛc. zu binden, sondern einem Jeden dieser öffentlichen Staatsdiener sei es erlaubt, jedem Bürger, der ihn verlangt, er lebe wo er wolle, beizustehn. Drittens, dem Bürger, zu dessen Menschenrechte es gehört, für sein Leben und für seine Gesundheit auf die ihm als die beste erscheinende Art und Weise zu sorgen, sei es unverwehrt, ausländische Aerzte, Wundärzte ꝛc. zu gebrauchen, ohne daß diese deßhalb einer Policeistrafe oder einem Verbote unterliegen. Ja es ist endlich auch derjenige Bürger nicht zu bestrafen, der zu einem Pfuscher und Quacksalber seine Zuflucht nimmt, wiewohl dieser selbst, nach vorausgegangenem Strafgesetz, der angedrohten Strafe unterworfen bleibt. — Ueberdem muß der Staat Anstalten treffen, worin gute Aerzte ꝛc. unterrichtet und durch Uebung gebildet werden, er muß öffentliche gut besoldete Aerzte und Wundärzte anstellen, und Jenen die Aufsicht auf Alles, was zur Gesundheitspolicei in medicinischer Hinsicht gehört, anvertrauen, doch ohne ihnen eine weitre

Gewalt einzuräumen, als die, zu prüfen, zu visitiren, zu berichten. Er muß durch Belehrung und väterliche Rathschläge seine Bürger vom Gebrauche schädlicher, verdächtiger, oder ungeprüfter Heilmittel und Pfuscher abmahnen. Endlich darf und muß die Policei die Pfuscherei aller Art sowohl als das Herumtragen und den eigenmächtigen Verkauf von Arzneimitteln durch Strafgesetze verbieten, und die Uebertreter, wenn sie sich nicht dabei eines peinlichen Verbrechens schuldig gemacht haben, bestrafen.

§. 17.

II. 3) Es muß aber auch die Policei, so weit es in ihrer Macht steht, zu verhüten suchen, daß nicht aus Unvorsichtigkeit, oder durch Unglücksfälle das Leben und die Gesundheit der Menschen in Gefahr komme. Es lassen sich hier unzählige Fälle denken, auf welche die Policei ihr Augenmerk zu richten hat. Ich will deren nur einige berühren, nach welchen die ähnlichen zu beurtheilen sind.

Aller unvorsichtige Gebrauch des Gewehrs, besonders des Schießgewehrs und des Pulvers ist unter bestimmten Strafen zu verbieten, und diejenigen, welche dawider handeln, sind, wenn auch kein Schaden daraus entsteht, mit der darauf gesetzten Policeistrafe zu belegen. Härter, und nach dem Grade der Verschuldung, sind diejenigen zu bestrafen, welche durch ihre Unvorsichtigkeit die Gesundheit oder gar das Leben eines Menschen verletzt haben.

Alle solche Oerter, welche unbedeckt und unverzäunt für Leben und Gesundheit gefährlich werden können, offne Gruben, große Präcipice rc. sind zu verdecken und zu verwahren. Alle Maschinen, die ihrer Natur nach Leben und Gesundheit leicht zerstören können, als Pulvermühlen rc. sind von den Häusern und Straßen zu entfernen. Im Winter ist bei tiefem Schnee der Weg durch Stangen oder auf andre Art anzudeuten, daß niemand verunglücke; so wie in den Meeren Tonnen einzulegen sind, um damit die gefährlichsten Stellen zu bezeichnen.

Giftige Pflanzen sind an Orten nicht zu dulden, wohin Menschen oft zu kommen pflegen; und in der Fabrikation sowohl als im Verkauf und Gebrauch der giftigen Produkte ist die Vorsicht zu verdoppeln, u. s. w.

Ueberdem ist hier vorzüglich Belehrung der

Unmündigen und des Volks — in einem Kalender oder in einem Noth- und Hülfsbüchlein — nöthig, daß niemand durch Unvorsichtigkeit sich oder andern schade.

§. 18.

II. 4) Erkrankte Arme, Verunglückte, und Scheintodte empfehlen sich vorzüglich der Fürsorge für die Policei. So wie für die Erstern durch Bestimmung eigner Häuser in volkreichen Orten, oder zureichender Stuben und Kammern in kleinen Orten, überall aber durch bestimmte Beihülfe, welche besoldete Aerzte und Wundärzte leisten müssen, durch unentgeldliche Verabreichung der Heilmittel, durch nothdürftige Heitzung, Betten, Kleider, angemessene Nahrung u. s. w. gesorgt werden muß: so muß es auch den Unterthanen durchs Gesetz zur politischen, und durch Unterricht in Kirchen und Schulen zur moralischen Pflicht gemacht werden, daß nicht nur die einheimischen armen Kranken verpflegt und geheilt, sondern auch die fremden, die ohne Gefahr nicht weiter gebracht werden können, einstweilen bei ihnen behalten und der ärztlichen Fürsorge überliefert werden.

Das Vorurtheil, das man sonst wider diejenigen Unglücklichen hatte, die entweder selbst Hand an sich gelegt hatten, oder durch Zufall im Wasser, auf der Straße ꝛc ihr Leben verloren zu haben schienen, erstickte vollends das in solchen Menschen oft noch glimmende Leben ganz. Man hat es nun zum größten Theil überwunden; und die Bemühungen unsrer Obrigkeiten, Prediger und Schullehrer haben dazu auf der einen, so wie auf der andern Seite die Anstrengung und Erfindung unsrer Aerzte mitgewirkt, daß das Leben manches Unglücklichen erhalten wird, das nur noch vor zehn Jahren unwiderbringlich verloren gewesen wäre. Auf diesem Wege fortzuwandeln ist Pflicht der Policei; theils durch Belehrung und Belohnung (auf Strafen nehme ich hier keine Rücksicht, denn es sind ja nur Gründe und Pflichten der Moral, bei denen der psychologische Zwang nicht Statt haben mag); theils durch Anstellung sachkundiger, thätiger Männer, die man eigends zu diesem Geschäfte verpflichtet; durch Treffung zweckdienlicher Anstalten und Einrichtungen; durch zeitige Herbeischaffung der zur Menschenrettung nöthigen Werkzeuge; theils endlich durch Benutzung aller neuen Erfindungen zu diesem Zwecke, und durch Aufforderung der

Den-

Denker, immer mehrere und sicherere Mittel zu erfinden, und die erfundenen zu vervollkommnen.

Die Scheintodten erfordern auch die Fürsorge der Policei. Wenig einfache, überall, auch in den Hütten der Armen, anwendbare Vorschriften, die dazu dienen können, das in dem Körper etwa noch verborgne Leben zu erhalten und herbeizurufen, begleitet von der Verordnung, daß niemand begraben werde, der nicht von einer dazu bestimmten Person besehn und für wirklich todt erklärt worden sei, möchten hier wohl das Ganze ausmachen. Sonst sind sie unausführbar; und bei Uebertretbung dieser Vorsicht ist für die Lebenden und Gesunden weit mehr Gefahr und Nachtheil zu besorgen; welches doch um so mehr abzuwenden ist, da die Fälle gewiß äußerst selten sind, auch nur bei einigen Krankheiten und Todesarten vorkommen können, daß ein Mensch begraben wird, der noch zum Leben zurückgebracht werden könnte. Die Besichtigung des Todten und die Erklärung, daß er wirklich todt ist, wird, wenn in dem Orte kein geprüfter Arzt oder Wundarzt ist, dem Geistlichen oder Schullehrer, oder einem verständigen Bauer übertragen; und dieser ist mit den, nach unsrer jetzigen Ueberzeugung, für untrüglich gehaltenen Kennzeichen des wahren Todes bekannt zu machen.

§. 19.

II. 5) Epidemien machen auch einen Gegenstand der Gesundheitspolicei aus. Wir können sie aber in zwei Klassen eintheilen; diejenigen, welche bei uns jetzt eben einheimisch sind, und diejenigen, welche nur von Zeit zu Zeit bei uns einwandern, oder auch nur leicht einwandern können. Zu jenen rechnen wir hauptsächlich Pocken, Ruhr, Scharlachfieber, Faulfieber u. dergl.; zu diesen Pest, gelbes Fieber u. dergl. Jene sind ihrer Natur nach, denn sie sind unter uns, keiner eigentlichen Contumaz unterworfen. Es scheint mir aber auch hart und ungerecht, wenn man alle Bürger zur Einimpfung der Schutzpocken durch ein Gesetz zwingen, oder die an den natürlichen Pocken kranken Kinder den Eltern wegnehmen und in eigne Pockenhäuser einsperren, oder die Privathäuser solcher Eltern, gleich Pesthäusern, sperren wollte. So einen innigen Freund und Verehrer die Schutzpocken an mir gefunden haben: so verehre ich doch noch mehr die Freiheit des Menschen und seiner häuslichen Verhältnisse. Man fahre nur so fort, wie bisher, diese Impfung zu empfehlen, und durch eigne dafür gestiftete Anstalten, durch Beispiel der höhern Stände, durch Anstellung besoldeter Impfärzte, und durch öffentliche Belobung zu befördern! In zehn Jahren werden ohnehin die meisten in dem Zwischenraum gebornen Kinder durch Impfung gerettet und der Gefahr der Ansteckung durch die natürlichen Blattern nicht mehr ausgesetzt seyn. Dadurch vermindert sich die Zahl derjenigen, welche die natürlichen Pocken bekommen können; und mit ihr selbst die Gefahr der Ansteckung und Verbreitung. Sollten an einem Orte, wo die Impfung noch nicht zur Sitte werden konnte, eine Anzahl Kinder an den natürlichen Pocken sterben oder schwer erkranken: so wird auch da sie bald zur Sitte werden. *) — Und so kann auch bei andern einheimischen Epidemien die Policei nichts weiter thun, als belehren, warnen, rathen, ermahnen, und geschickte Männer anstellen und besolden, die

*) Sind die natürlichen Pocken in einer Nation, z. B. in Deutschland, ganz ausgerottet: so gehört diese Epidemie nicht mehr in die Klasse der Einheimischen.

der Krankheit Einhalt zu thun und sie zu heilen gelernt haben.

In allen solchen Gegenständen ist es, wie ich glaube, eine heilige Pflicht der Policei, nichts erzwingen zu wollen, sondern nur das stille Fortschreiten der Menschheit zu vollkommnern Kenntnissen und reinern Sitten zu benutzen und zu befördern; und, wenn für den Augenblick Nichts zu thun ist, still hinterm Vorhang zu lauschen, bis ein wohlthätiger Genius die Natur für bessere Kenntnisse und Sitten empfänglich macht. Die meisten Uebel haben ihre Heilmittel in sich selbst; Natur und Zeit entwickeln diesen Keim; der Mensch muß der Operation der Natur nur zusehn und den Augenblick benutzen. —

Bei ausländischen Epidemien können stärkere Maßregeln der Policei eintreten. Aber auch diese darf man nicht übertreiben, um nicht bei Verhütung eines fernen möglichen Uebels ein nahes wirkliches Uebel herbeizuführen. Die in solchen Fällen zu treffenden Vorkehrungen müssen so wenig als möglich Freiheit und Eigenthum beschränken. Da sie aber ohne eine solche Beschränkung fast nicht möglich sind, so ist es, glaube ich, des Staats unbedingte Pflicht, dafür zu sorgen, daß der Verlust, den ein Einzelner um des allgemeinen Besten willen leidet, ihm von der ganzen Gesellschaft erstattet werde.

Das Rhodische Gesetz, das so ganz auf Billigkeit und Gesellschaftsvertrag berechnet war, muß auch hier zum Muster dienen; und so, z. B. der Kaufmann, dessen Waare, um die Pest oder das gelbe Fieber abzuhalten, verbrannt werden müßte, von der ganzen Gesellschaft, mithin entweder aus der Staatskasse, oder durch Beiträge sämmtlicher Staatsbürger entschädigt werden; insofern er sich nicht durch Verschuldung dieser Entschädigung unwürdig gemacht hat. (Die Grundsätze, die in diesem Kapitel in Hinsicht auf Leben und Gesundheit der Menschen aufgestellt sind, lassen sich auch, mit Ausnahme No. 4., auf Leben und Gesundheit der Thiere, nach ihrer Maße, und besonders, was die epidemischen Thierkrankheiten betrifft, anwenden.

§. 20.

Noch drei Gegenstände muß ich kurz berühren, welche zwar zunächst in das Fach der medicinischen Policei gehören, aber auch in das der Sittlichkeit zugleich mit einschlagen. Der eine betrifft die Accoucheuranstalten, deren Nebenabsicht zugleich praktische Bildung künftiger Hebammen und Geburtshelfer, der Hauptzweck aber dahin gerichtet ist, daß geschwächte Personen in der Stille, und ohne sich dem Publikum bloß stellen zu müssen, darin entbunden werden. Die Sittlichkeit wird dadurch nicht gefährdet; denn das Vergehn der gesetzwidrigen Befriedigung des Geschlechtstriebes ist schon geschehn, und wird auch Niemand so leicht durch die Hoffnung, in der Accoucheuranstalt die Folgen seines Vergehens verheimlichen zu können sich zu demselben verleiten lassen. Vielmehr wird jede, nicht ganz herabgesunkne, aber gefallne, Person nur mit Schaam und Schüchternheit sich der Accoucheuranstalt übergeben; denn das gemeine Publikum wird allemal mit Geringschätzung, das bessere mit Mitleiden, auf diejenigen hinblicken, welche die Folgen ihres Vergehens im Entbindungshause verbergen wollen. Ich setze aber voraus, daß solche Anstalten nur in großen oder doch mittlern volkreichen Städten eingerichtet werden; daß Alle, die darin aufgenommen werden wollen, ihre Namen dem Vorsteher der Anstalt, der sie unter dem heiligen Siegel der Verschwiegenheit in ein Buch einzeichnet, entdecken; und daß Alle, die nicht unvermögend sind, nach dem Verhältniß ihres Vermögens, ihren Aufenthalt in der Anstalt, und die Hülfe, die sie da bekommen, bezahlen müssen. Beiläufig kann dieses Institut auch von Müttern unehelicher Kinder aus kleinen Städten und Dörfern benutzt, und überdem noch ein Haus der Wohlthätigkeit für arme rechtmäßige Kindbetterinnen werden, denen es durchaus an Mitteln gebricht, die Kosten der Entbindung und der ersten Wochen selbst zu bestreiten. Durch eine solche Anstalt kann, ohne daß die Sittlichkeit dabei Schaden leidet, manche Mutter, manches Kind, manche Frucht gerettet werden.

§. 21.

Der zweite Gegenstand betrifft die sogenannten Findelhäuser, oder diejenigen öffentlichen Anstalten, in welchen theils gefundene, theils aber und vornehmlich neugeborne uneheliche Kinder, in der Stille ernährt, und bis zu dem Alter, in welchem sie entweder ihren Eltern zurückgegeben, oder in ein Waisenhaus und demartiges Institut aufgenommen werden können, verpflegt und erzogen werden. Auch diese Anstalten sind zunächst nur für große Städte berechnet; doch mögen auch die umliegenden Oerter, desgleichen rechtmäßige Kinder ganz armer Mütter, die entweder bald nach der Geburt des Kindes starben, oder diesem die erste Nahrung nicht geben können, daran Antheil nehmen. Allein auch hier setze ich voraus, daß die Mutter ihren eignen Namen, und wenn sie ihn weiß, auch den des Vaters dem Vorsteher zur verschwiegnen Einzeichnung in sein Buch entdecken, daß sie nach ihrem Vermögen zum Unterhalt des Kindes das Ihrige beitragen, auch, wenn das Kind seine Jahre erreicht hat, für dessen anderweite Unterbringung selbst sorgen muß. — Die Organisation dieser Anstalt, so wie des, damit vielleicht zu vereinigenden, Entbindungshauses gehört nicht hierher; sondern nur dieses, daß sie der Policei würdig ist, indem sie darauf abzweckt, Leben und Gesundheit unglücklicher Kinder, ohne Nachtheil der Moralität, zu befördern.

§. 22.

Ist es aber rathsam — und dieß ist der dritte Punkt — daß, um dem größern Uebel der Verführung ehrbarer Frauen und unbescholtener Töchter, so wie dem Gifte der Lustseuche und seinen für ganze Völker und Generationen höchst schädlichen Folgen vorzubeugen, in großen Städten Bordells wissentlich tolerirt, und der Policei nur in so weit untergeben werden, daß von der Lustseuche angesteckte Dirnen darin nicht geduldet, vielmehr von dazu bestellten Aerzten untersuchet und geheilet werden? Ich kann diese Frage durchaus nicht bejahen, weil durch eine solche Duldung das Laster der Hurenwirthschaft, der öffentlichen Hurerei, und des außerehelichen Beischlafs geradezu begünstigt wird. Selbst ein sittlicher Zweck kann ein unsittliches Mittel nicht heiligen; und kein Staat darf sich unsittliche Zwecke, oder unsittliche Mittel erlauben, wenn er nicht den Grund seiner Existenz untergraben will. Wer Unsittlichkeit begünstigt und wissentlich duldet, der untergräbt auch die Sittlichkeit; wer diese untergräbt, der untergräbt auch die Rechtlichkeit, auf welcher die Sicherheit beruht; folglich stürzt mit der gesetzlichen Duldung der Unsittlichkeit nach und nach das ganze auf Sicherheit durch Rechtlichkeit gegründete Staatsgebäude zusammen. Hierzu kommt in dem Fall, von dem wir reden, noch dieses hinzu, daß, wenigstens in meinen Augen, Hurenwirthschaft und öffentliche Hurerei nicht bloß unsittliche

Handlungen, nicht bloß Policeivergehungen, sondern peinliche Verbrechen sind, welche keine Regierung begünstigen und gutheißen darf, denen sie vielmehr durch Aufsuchung und Bestrafung entgegenarbeiten muß.

§. 23.

III. Dem Menschen, der sich in einem bestimmten Lande aufhält, ist es nicht genug, daß er lebe und gesund sei; er muß auch die ersten Lebensbedürfnisse bekommen, und sie um einen solchen Preis erlangen können, der mit seinem Verdienst im Verhältniß steht. Unter unkultivirten Völkern, denen Jagd und Fischerei ihre Nahrung liefern, Blätter und Baumstämme ihre Wohnung bereiten, cessirt alle Policei, mithin auch dieser Theil derselben. In warmen Klimaten, wo Brodfrüchte überall und in hinreichender Menge fast ungewartet wachsen, und keine Hütten zur Schutzwehr vor Frost und Eis nöthig sind, ist es fast überflüssig, wenn der Staat dafür sorgen will. Aber in unsern gesitteten europäischen theils wärmern, theils kältern Ländern, wo wir vom Getreide unsre erste Nahrung haben, wo wir den Acker sorgfältig bauen müssen, wenn er uns Früchte geben soll, wo wir nicht alle Jahre gleiche Erndten haben, sondern manchmal Mißwachs und mit ihm Mangel eintritt, und besonders in unsern nordischen Ländern, wo wir auch eines Feuerungsmaterials höchst nöthig bedürfen, und wo des Holzes mit jedem Jahre weniger wird, da rechnet man mit Recht

Getreide und Holz

zu den ersten Bedürfnissen, mithin Getreide- und Forstpolicei zu den Pflichten und Befugnissen des Staats.

§. 24.

III. 1) Seit dreißig Jahren ist über Getreidepolicei so viel geschrieben, so viel von den Regierungen verfügt, aber auch so mancher Mißgriff gemacht worden, daß man hoffen darf, man werde endlich über das einzige wahre Princip derselben sich einverstehen, zumal da die Erfahrung die Theorie bestätigt hat. Nur die neuesten Zeiten haben es bewiesen, daß Getreidesperre Mangel und Theuerung abzuwehren nicht vermag, ja daß sie vielmehr Theuerung und Mangel herbeiführt. Ihre

Unausführbarkeit, wenigstens in den mehresten Staaten, ihre schädlichen Folgen auf die Moralität der Bürger, deren einen, beträchtlichen, Theil sie zur Unzufriedenheit mit der Regierung und zur Uebertretung des Gesetzes, den andern zum Auflauern auf seine Brüder und zum Denunciren wider sie verleitet, ihre Unzweckmäßigkeit, ja Zweckwidrigkeit, liegt am Tage. Sie ist aber auch darum verwerflich, weil sie in das Eigenthum einen nicht schlechterdings nothwendigen, mithin unerlaubten Eingriff thut, und der Produktion so wie dem Handel Fesseln anlegt, deren ganzes Leben auf Freiheit beruht. Das, was der Staatsbürger durch seinen Fleiß erzeugt, oder sonst redlich erwirbt, ist, wenn er die zur Erreichung des Staatszwecks nöthigen Abgaben davon entrichtet hat, sein Eigenthum, worüber er frei disponiren darf. Stößt man diesen Grundsatz um: so untergräbt man die Sicherheit des Ganzen. Greift man in das Eigenthum des Bauers ein: so hat man gleiches Recht, in das Eigenthum jedes andern Bürgers sich Eingriffe zu erlauben. Ist aber einmal, unter dem Vorwande der allgemeinen Wohlfahrt, ein Eingriff in das Privateigenthum vergönnt: wer will dann die Grenzen bestimmen, in welchen sich die oberste Gewalt im Staate halten mag? Völlige Freiheit des Getreidehandels ist das einzige sichre Princip der Getreidepolicei. Dadurch wird der Producent ermuntert, seine Produktion bis auf den höchsten Grad zu vervollkommnen; der Begüterte, beträchtliche Vorräthe, in Hoffnung höherer Preise, oder zu seinem eignen künftigen Gebrauch, in seinen Böden und Kammern aufzubewahren; der Kaufmann, große Quantitäten in Zeiten aufzukaufen oder herbeizuschaffen. Wäre dieß Princip überall geltend: so würde kein Staat noch auf ein Nebenprincip denken müssen. So lange aber noch Staaten, besonders mächtige, die Fruchtausfuhre bald erlauben, bald verbieten: so lange sind für diejenigen, welche ihr Bedürfniß in Mitteljahren nicht selbst erzeugen, und mit andern Ländern, in denen das System der temporairen Fruchtsperre herrscht, umgeben sind, und nicht auf Meeren oder schiffbaren Strömen zu jeder Zeit ungehindert Früchte bekommen können, Magazinanstalten nöthig. Nun hat aber die mit der Theorie genau übereinstimmende Erfahrung gelehrt, wie unglücklich einige von der Natur gesegnete Länder wurden, als die Versorgung der

Unterthanen mit Früchten, und dadurch mittelbar das Monopol des Fruchthandels, in die Hände des Staats gekommen war. Indeß für seine Diener und Brödlinge, mithin für Soldaten, Bergleute, Staatsbeamte, und für alle diejenigen, welche unmittelbar vom Staate besoldet werden und davon leben müssen, mag und muß der Staat sorgen, daß sie, insofern sie nicht ihr volles und sichres Bedürfniß an Früchten zum Naturalgehalt bekommen, aus dem Staatsmagazin mit diesem Bedürfniß um einen solchen Preis versorgt werden, anf welchen ihr Geldbesold berechnet ist. So kann und muß auch der Staat Militairmagazine auf die Zeit des Kriegs errichten; aber in diesen beiden Fällen muß er nur als ein Privatmann handeln, d. h. Niemanden zum Verkauf zwingen, und den laufenden Preis bezahlen; mithin, wie ihm die Klugheit gebietet, in wohlfeilen Zeiten einkaufen. Die ganze übrige Organisation der Magazinanstalten muß auf freier Uebereinkunft der Staatsbürger unter sich beruhn; und die Policei hat hier nur theils zu belehren, und sich mit den Unterthanen über den Gegenstand ruhig zu berathen, theils die Anstalt zu leiten, theils die Uebertreter jener Uebereinkunft zur Erfüllung der übernommenen Verbindlichkeiten anzuhalten. — Idealmagazine, wo jeder Producent, nach dem Verhältniß der Produktion, ein bestimmtes Quantum bis zur nächsten Erndte zum gemeinen Besten aufzuheben sich verbindet, ist unstreitig die sicherste, zweckmäßigste, allen Volksklassen annehmlichste, ausführbarste und wohlfeilste Maßregel. — Was die Policei zur Beförderung der Kultur und der Verarbeitung der rohen Produkte des Feldes thun darf und soll: davon an einem andern Orte. —

§. 25.

Wenn das Getreide auf eine andre Weise als durch das Mahlen zur Brodfrucht bequem, schnell und wohlfeil zubereitet werden, oder wenn man die Frucht überall mit gleicher Leichtigkeit, Schnelligkeit und Güte mahlen, oder wenn man Wasser-, Wind-, Roß-, Handmühlen überall anlegen und allezeit brauchen könnte: so würde man in Ansehung der Mahlmühlen keine Policeivorschriften und Aufsicht nöthig haben, sondern Alles der Konkurrenz überlassen können. Da aber nur wenig Wassermühlen existiren können, da Windmühlen nicht zu aller Zeit das Getreide in Mehl zu verwandeln vermögen, und da die übrigen Arten von Mühlen noch nicht zu dem Grade vervollkommnet sind, daß sie so viel und so gutes Mehl und so schnell als die Wassermühlen liefern können: so ist vor der Hand noch eine Mühlenpolicei nöthig, damit die Volksmenge an dem ersten Lebensbedürfnisse nicht Mangel leide. — Es ist freilich sehr bald und leicht ein Gesetz gegeben, wie viel Mehl an Metzen oder Pfunden der Müller von einem bestimmten Maß Korn liefern soll! Allein desto schwerer ist's, in Ausübung zu bringen. Reines, oder auf Höhen erwachsenes, oder dünnschälichtes Korn giebt mehr Mehl als unreines, in Tiefen erbautes, dickhülsichtes. In dem einen Jahre liefert derselbe Grund und Boden leichteres, in dem andern schwereres Korn. Weisseres Mehl kann nicht so viel geliefert werden, als Kommismehl. Wenn der Müller die Frucht etwas stärker anfeuchtet: so wird das Mehl schwerer. Diese und hundert ähnliche Umstände machen eine feste Bestimmung wo nicht unmöglich, doch zur Ausführung äußerst schwer. Wer sogar selbst dem Mahlen seines Korns in der Mühle beiwohnt und dabei mitwirkt, kann dennoch durch so viel kleine unbemerkte Kunstgriffe des Müllers — wäre es nur ein unmerklicher Luftzug in der

Mühle — um einen Theil seines Mahlguts betrogen werden. Wenn nun noch dazu Wassermangel da ist, und also nur wenig Mühlen gangbar sind, folglich die Konkurrenz der Müller ermangelt: wie leicht kann da nicht der Müller dem Mahlgast, der vor andern gefördert seyn will, ein Mehreres abschwatzen, oder abdringen, als ihm gebührt? Alle diese und ähnliche Umstände erschweren die Sache unendlich. Hierzu kommt, daß das Lohn des Müllers entweder in einem Theile der Früchte, oder in Gelde bestimmt werden muß. Letzteres geschieht besonders zur Zeit der Theuerung; dann aber wissen sich die eigennützigen Müller noch außerdem eine Quote der Frucht zu verschaffen, so daß der Mahlende doppelt gezehndet wird. Wenn nun Konkurrenz und Freiheit auch hier das vorzüglichste Heilmittel ist: so sind einmal für die Zukunft keine neuen Zwangsmühlen zu gestatten; zweitens, so weit es möglich, d. h. rechtlich, ist, die bisherigen Zwangsgerechtigkeiten aufzuheben; drittens die Anlegung neuer Wind-, Roß-, Hand- und ähnlichen Mühlen, wo es die Rechtlichkeit gestattet, unbedingt, und die Erbauung neuer Wassermühlen, da, wo für die Sicherheit des Eigenthums kein Nachtheil befunden wird, zu erlauben.

Ich bescheide mich zwar von selbst, daß die Abschaffung der schon bestehenden Zwangsmühlen nicht anders, als nach einer Uebereinkunft beider Theile, und gegen Entschädigung desjenigen, der ein Zwangsrecht hat, erfolgen mag. Man untersuche nur aber erst die angemaßten Zwangsrechte der Mühlen; und man wird sie bei den meisten rechtlich ungegründet finden. Richtige Zwangsmühlen aber sind entweder Eigenthum des Staats, welcher das Zwangsrecht ohne weiteres aufgeben kann, oder großer Gutsherren, welche, wenn sie dem Zwangsrecht nicht umsonst entsagen wollen, mit den bisher dahin gezwungenen Gemeinden einen leidlichen Entschädigungsvertrag schließen können, und als Gutsherren ihn mit ihren Unterthanen zu schließen, wenigstens moralisch und politisch, wenn schon nicht rechtlich, verbunden sind; oder einzelner Interessenten. Hier ist nun allerdings eine Uebereinkunft zwischen beiden Theilen das einzige Mittel, welches Moral und Rechtlichkeit erlaubt; aber so wie die Gemeinden gegen ein leidliches Entschädigungsquantum sich die Freiheit von einem Zwange gern erkaufen werden: also werden auch vernünftige und kluge Müller gern ein leidliches Quantum dafür annehmen, da sie, wenn sie gut und uneigennützig mahlen, dieselbigen Mahlgäste freiwillig behalten, die sie sonst durch Zwang bekamen. Wo aber keine Uebereinkunft getroffen werden kann: da muß es freilich vor der Hand beim Alten bleiben, weil die Sicherheit des Eigenthums darauf beruht, daß wohlerworbene Rechte Keinem genommen werden, der sich nicht derselben freiwillig begeben will. Allein das Mühlenzwangsrecht schließt darum das Verbietungsrecht nicht in sich, andre Mühlen zu erbauen. Es kann zwar Fälle geben, und es giebt deren auch gewiß, wo Mühlen das Recht erworben haben, daß in einem bestimmten Umkreis keine neuen Mühlen erbauet werden sollen. Beruht dieses Befugniß auf sichern und unumstößlichen Rechtsgründen: so muß es auch der Policei heilig seyn. Dann ist aber auch der Müller einer desto strengern Aufsicht zu unterwerfen, weil ein solches Zwangs- und Verbietungsrecht die Unterthanen im höchsten Grade gefährdet. Indeß beschränken diese seltenen Ausnahmen gewiß nur einen geringen Theil; und im Allgemeinen können wir obige drei Sätze als Regel annehmen.*) Diesen fügen wir

*) Wer sich blos für sein Haus eine Mühle bauen oder anschaffen will, dem kann es auch derjenige Mül=

noch den vierten hinzu: So oft eine Veränderung des Besitzers der Mühle vorgeht: so oft werde zwischen ihm und der Gemeinde, welche bei ihm gewöhnlich mahlen kann und mag, ohne dadurch ein Zwangsrecht einzuführen, ein Vertrag geschlossen, wie viel dem Müller an Mehl, Kleye, u. dergl. zum Lohne gebühre; oder wie viel er an feinerm oder gröberm Mehl, an Schrot, Kleye u. dergl. nach dem Maß oder Gewicht zurückliefern, oder wie viel er zum Geldlohn für Mahlen und Schroten bekommen soll. Dieser Vertrag muß freilich von sachverständigen Männern, die beider Theile Interesse beherzigen, und mit den verschiedenen Gattungen des Getreides und Mehls, auch mit den Lokalumständen bekannt sind, erwogen und abgefaßt werden. Auf Uebertretung des Vertrags werde eine Conventionalstrafe und Erstattung des Mangelnden gesetzt. Endlich fünftens: Der unredliche Müller, der sich unerlaubte Vortheile zugeeignet, oder wol gar bösartige Kunstgriffe erlaubt zu haben überführt ist, werde von der Polizei — (hat er ein peinliches Verbrechen begangen,

ler nicht verwehren, der ein Zwangs- und Verbietungsrecht hat.

gehört dessen Bestrafung noch außerdem fürs peinliche Gericht) — als unwürdig des öffentlichen Vertrauens, zu allen Würden und Ehrenstellen in der Gemeinde so lange für unfähig geachtet, bis er seinem Eigennutze und seiner Unredlichkeit entsagt zu haben, sprechende, anhaltende Beweise giebt. Der uneigennützige und redliche Müller aber werde durch Prämien, Ehrenbezeugungen, und Beförderung zu Gemeindeämtern vor andern ausgezeichnet.

§. 26.

III. 2) Die Forstpolicei liegt, gleich der Forstwirthschaft, noch an vielen Gebrechen krank, welche eine Radicalkur durch einfache Mittel erheischen. Ich will meine Vorschläge offen darlegen. „Man trenne das Forstwesen ganz von den Kammern. Diesen überlasse man nur die richtige Berechnung der Forsteinkünfte des Staats. Aber einem eignen, aus einsichtigen und erfahrnen Forstmännern zusammengesetzten Collegium sei die Forstwirthschaft ganz allein überlassen. Alle Irrungen über Bestimmung des Eigenthums und der Rechte in den Forsten des Staats und der Unterthanen, alle Untersuchung und Bestrafung der Forstverbrechen sei den gewöhnlichen Civil- und Kriminalgerichten unterworfen. Die Policei in allen Waldungen werde von denjenigen Instanzien besorgt, welche die Policei im Allgemeinen zu verwalten haben. Die Jagd sei dem Forstfache durchaus untergeordnet, so daß sie nur als eine zufällige Nebennutzung betrachtet, und der Schade des Wildes von Forsten und Feldern abgewendet werde.“ Hierdurch wird schon manche Wunde geheilt werden, welche bisher theils aus parteiischer Vorliebe, theils aus Unkunde, bald dem Forste, bald dem Eigenthum und Rechte des Bürgers geschlagen wurde. — Es muß aber noch mehr geschehen, wenn der Zweck, der Volksmenge das unentbehrliche Holzbedürfniß zu verschaffen und zu sichern, in unsern Zeiten und Ländern erreicht werden soll. — Die Forste sind entweder Eigenthum des Staats oder der Unterthanen. Jene machen in Deutschland einen beträchtlichen, wo nicht den stärksten Theil aus. Aber auf sie kann auch der Staat am freiesten wirken. Ich bringe indeß nur drei Mittel in Vorschlag. Das Eine, die Auswahl guter Forstbedienten. Man errichte Forstseminarien zur Erlernung und Uebung der nöthigen Forstkenntnisse und Hülfswissenschaften;

nur geprüften und für tüchtig erkannten Subjekten werden die Forste anvertraut; die Beförderung auf höhere Posten geschehe ohne Rücksicht auf Geburt, Stand, Vermögen, nur nach dem Maßstab, daß der Forstmann im niedern Posten sich durch Kenntniß, Fleiß und Treue zum höhern qualificirt hat; alle auch die niedern Forstbedienten werden gut besoldet, so, daß sie nach den jetzigen Zeiten anständig leben können; aber alle Forstaccidentien, welche so oft den Eigennutz selbst des Bessern zur unpfleglichen Holzwirthschaft verleiten, müssen gänzlich abgestellt werden! — Das zweite betrifft die Aufhebung oder Einschränkung aller der Forstkultur nachtheiligen Nebennutzungen des Forsts; wohin vorzüglich Hutweide, Mast, Laub- und Streu-Rechen gehören. Dieses, besonders die Hutweide, hat die meisten Schwierigkeiten, weil dabei die Holzkultur sowol mit der Feldkultur, als mit den Rechten der Unterthanen in Kollision kommt Darum muß hier alles durch eine aus Forstverständigen und der Landwirthschaft kundigen, mit dem Lokal bekannten Männern zusammengesetzte Commission, aber auch durch freiwillige Uebereinkunft mit den Unterthanen abgemacht und eingerichtet werden. Kein Zwang, kein einseitiges Verbot darf erfolgen. In denjenigen Ländern, wo man jene Wege eingeschlagen und den hutberechtigten Unterthanen einen Theil des mit Hut und Trift beschwerten herrschaftlichen Waldes, nach abgeräumtem Holze, zur Benutzung als Wiese, Feld, oder zum Anbau von Futterkräutern gegen einen jährlichen Zins überlassen hat, wogegen sich die Unterthanen den ganzen übrigen Wald mit ihrem Vieh durchgängig zu schonen verpflichtet haben — mir sind die Nassauoranischen und Hessenkasselschen Forste bekannt, welche so behandelt werden — hat sich schon die heilsame Folge gezeigt, daß der unbeschwerte Theil des Forstes weit mehr Ertrag gewährt und verspricht, als vorhin der mit der Hut beschwerte ganze Forst; und daß die Unterthanen, durch einzelne Beispiele ermuntert, freiwillig um solche Conventionen nachgesucht haben, weil ihr Viehstand und Feldbau nun weit besser gedeiht, als bei der vorigen Forsthut. — Wenn nun auf diese oder ähnliche Weise, nach den vom Lokal dargebotenen Umständen, der Forst nach und nach von den die Kultur am meisten drückenden Hindernissen befreiet wird: so wird am sichersten und gewissesten für eines der ersten Bedürfnisse der Landesbewohner gesorgt, und doch das Recht der Unterthanen ungekränkt gelassen. — Das dritte betrifft den Vertrieb des Holzes. Der Staat ist verpflichtet, für seine Bürger zu sorgen. Darum kann und soll er zunächst das den Unterthanen zur Feuerung unentbehrliche Holzbedürfniß in den ihnen nahgelegenen Forsten anweisen; dann denjenigen Fabriken, welche nothwendige Artikel liefern; hierauf denen, welche mehr für den Luxus arbeiten; endlich mag er den Ueberfluß ins Ausland absetzen. — In Bestimmung der Preise dürfen dem Staate, wenn keine älteren Verträge im Mittel liegen, die Hände nicht gebunden werden. Er wird aber wohl thun, wenn er seinen Holzpreiß nach dem jetzt gewöhnlichen Mittelpreise der übrigen ersten Bedürfnisse abmißt; diesen kann der Käufer ohne seinen Nachtheil bezahlen; und der Staat, welcher die Besoldung seiner Diener und seine übrigen Ausgaben nach dem Preiß der Lebensbedürfnisse abmessen muß, kann für diesen Preiß sein Holz ohne Nachtheil verkaufen.

§. 27.

In Ansehung der den Unterthanen zustehenden Hölzer kann, wie ich glaube, die Policei nur ein

Gesetz geben und handhaben, nämlich die Verödung verbieten und abwehren. Verödung aber geschieht alsdenn, wenn Waldungen, oder andre mit Holz bestandene Plätze, als Weidichte und dergl. entweder wider die Regel ganz abgetrieben, oder so unpfleglich behandelt werden, daß ihr gänzlicher Untergang nothwendig erfolgen muß. Darum sind auch die Privatwaldungen der Oberaufsicht des Staats und seiner Forstbeamten zu untergeben, welche darüber zu wachen und Aufsicht zu führen haben, daß nicht Verödung erfolge. Aber auch diese dürfen nicht eigenmächtig verfahren; sondern der dieses Policeiverbrechens angeklagte Unterthan muß darüber verhört, die Sache unparteiisch untersucht, und dann erst Entscheidung gegeben, nach Befinden eine Policeistrafe, die vorher im Gesetz bestimmt war, diktirt, höchstens dem hartnäckig ungehorsamen Unterthanen die Aufsicht über seinen der Verödung ausgesetzten Wald genommen, und diese einstweilen dem Forstbeamten des Staats übertragen werden. Im übrigen hat der Staat kein Befugniß, sich in die Art und Weise zu mischen, wie der Privatmann seinen Forst behandeln, mit welchen Hölzern er ihn bepflanzen, in wie viel Hauungen er ihn abtheilen, welche Uebereinkunft er mit den Hutberechtigten treffen will, u. s. w. Belehrung, Beispiel, Belobung, Rathschläge, Belohnungen, sind das Einzige, was er hierunter thun darf, wenn er sich nicht unbefugter Eingriffe in das Privateigenthum schuldig machen will. Und so glaube ich auch, daß der Staat nicht befugt ist, sich in den Holzvertrieb der Unterthanen zu mischen, ihnen den Debit ins Ausland zu verbieten, oder ein Maximum zu bestimmen. Nur, däucht mir, darf er es den Kommunen zum Gesetz machen, daß die Mitglieder derselben an den geschlagenen und gehauenen Kommun-Hölzern vor Fremde vorzüglichen Theil nehmen; weil ihnen eben als Mitgliedern der Gemeinde auch ein Miteigenthum am ganzen Holze zusteht. Dies wird indeß mehr unter die Civil- als Policeigesetze gehören. Der Staat mag es aber den Gerichtsherrschaften mit Nachdruck empfehlen, ihre Gerichtsunterthanen vor Fremden mit Feuerungsmaterial zu versorgen, aus dem moralischen Grunde, aus dem ein Vater für seine Kinder zunächst zu sorgen verpflichtet ist.

§. 28.

IV. 1) Wasser und Feuer sind die beiden Elemente, welche den Menschen die größten Wohlthaten erweisen, aber auch die tiefsten Wunden schlagen. In beiden Rücksichten sind sie Gegenstände der Policei. Wir reden hier aber zunächst von der Pflicht und dem Befugniß der Policei, den durch Wasser oder Feuer zu besorgenden Unglücksfällen zuvorzukommen, oder ihre Folgen zu mindern. Man kann die Nachtheile des Wassers in drei Klassen abtheilen; in die, welche durch große Ueberschwemmungen entstehn, in die, welche schon durch Mittelwasser verursacht werden; und in die, welche durch widernatürliche Gebäude im Wasser, oder durch andre Hindernisse im Wasserlauf, selbst ohne sonderliche Ueberschwemmung, erzeugt werden. Manche Länder und Gegenden sind so situirt, daß sie allen Gefahren des Wassers offen stehen, und ihnen fast Preiß gegeben zu seyn scheinen. Ich will es wagen, die vornehmsten Punkte kurz zusammen zu fassen, worauf es hier anzukommen scheint. Außerordentlich große Ueberschwemmungen können nicht abgewehrt, nur gemildert werden; theils, wenn in Zeiten der

Dürre, in einiger Entfernung vom Strome, Dämme von verhältnißmäßiger Höhe, Stärke, Böschung und Weite errichtet werden, zwischen welchen, selbst bei den größten Gewässern, eine bedeutende Menge Wasser ablaufen kann; theils, wenn dem Wasser zeitig ein solcher Weg gewiesen wird, daß es bei Ueberschwemmungen eher auf Riethe und Heiden, als auf Wiesen und Felder, dann eher auf Wiesen als auf Aecker, endlich, eher auf Felder als in Häuser abfließe; theils, wenn solche Anstalten getroffen werden, daß das ausgetretene Wasser überall nicht lange stehen bleiben könne, sondern bald wieder in seine Bette zurücktrete; theils, wenn man die Gefahr der Eisfahrt sowol vorher durch angebrachte Maschinen zu brechen, als durch Zertrümmerung der Eisschollen abzuwenden sucht. Uebrigens scheint mir die ganze Wasserpolicei auf drei Hauptgrundsätzen zu beruhen. 1) Alle dem Wasserlauf besonders hinderliche Dinge, als Sandbänke, Serpentinen, scharfe Ecken, unrechte Einmündungen u. dergl. müssen hinweggeräumt, und dem Wasser ein freier Abfluß im Allgemeinen verschafft werden. Die Policei mag und darf auch unter Androhung bestimmter Strafen verbieten, daß niemand in den öffentlichen Fluß Etwas einbaue, oder sonst unternehme, wodurch sein Lauf gehemmt, gestaucht, oder anders geleitet werde. Aus eben dem Grunde ist sie berechtigt, die Erbauung der Wassermühlen und Wehre anders nicht zu gestatten, als wenn die Sache durch Kunstverständige untersucht, und für die Sicherheit des Eigenthums kein Nachtheil befunden worden ist. Sie mag aber auch den Müllern, in Ansehung der Weite, Höhe und Beschaffenheit der Wehre, Schleusen, Schutzbreter, Fachbäume, und ähnlicher im Strome anzubringender Maschinen Vorschriften geben, welche alle zu jenem Hauptzwecke abzielen.

2) Bei Wehren und Mühlen, welche nicht anders als wie künstliche Maschinen zu betrachten sind, wodurch das Wasser widernatürlich in die Höhe getrieben und zurückgestauchet wird, müssen Grundschleusen mit Spiegelpfählen angebracht, und dabei zum Gesetz gemacht werden, daß Jeder, dem Mühle oder Wehr zusteht, sobald die am Pfahle gemachte Marke überstiegen ist, die Grundschleuse sogleich ziehen und so weit öffnen und so lange offen halten soll, bis der gewöhnliche Wasserstand hergestellt ist. Zu dem Ende muß Schleuse und Pfahl auf der Seite angebracht seyn, auf welcher derjenige, dem an zeitiger Ziehung der

Schleuse gelegen ist, den Pfahl zu jeder Zeit untersuchen, und die Schleuse im Nothfall, wenn es von jenem verabsäumet wird, selbst sofort öffnen kann.

3) Auf dem ganzen Laufe eines Flusses müssen bestimmte Personen angestellt werden, welche an verschiedenen Punkten, besonders da, wo andere Bäche und Flüsse sich in den Hauptfluß ergießen, den Wasserstand beobachten, und, wenn die Wasserhöhe einen gewissen Grad erreicht hat, den in den untern Gegenden angestellten Wasserpoliceibeamten sofort Nachricht geben, damit diese 12 bis 36 Stunden früher von der bevorstehenden Ueberschwemmung unterrichtet, von unten hinauf in Zeiten die Grundschleusen ziehen lassen können, wodurch eine unglaubliche Menge Wassers eher abgeleitet wird, als die neue Wassermenge von oben herein ins Flußbette dringt. — Bei Mittelwassern ist das gewiß ein vorzügliches Mittel, und allemal in so fern anwendbar, als nicht im größern Strome, in den der unsrige sich ergießt, bereits das Wasser so hoch angeschwollen ist, daß es Rückstauchung macht; in welchem Falle freilich die volle Oeffnung der Grundschlesuen nicht rathsam ist. Aber auch bei großen, unabwendbaren Ueberschwemmungen wird

durch die zeitig und gehörig geöffneten Grundschleusen das ausgetretene Wasser früher abgezogen, und Acker und Wiese früher vom Wasser und Schlamme befreiet. — Alle diese Mittel gehören für die Policei; hier verbietet und gebietet sie unmittelbar, verpönt die Uebertretungen, und bestraft die Uebertreter, denn hier steht die Sicherheit des Ganzen auf dem Spiele. Das erste Mittel wird auf Kosten der Interessenten, mit Beihülfe der Staatskasse, als auf welche auch ein Theil des Nutzens zurückfällt, in Ausübung gebracht; aber der Einzelne, der z. B. zur richtigern Leitung des Wasserlaufs von seinem Eigenthume etwas hergeben muß, von der ganzen Gesellschaft hinlänglich entschädigt. Die Unkosten des zweiten Mittels muß der Eigenthümer der Mühle oder des Wehres tragen; denn da diese widernatürlichen Eingebäude im Wasser hauptsächlich zu seinem Vortheil errichtet sind: so muß er auch alles dabei thun, was die Policei, zu Abwendung des für die Sicherheit des Ganzen dadurch entstehenden Nachtheils, anordnen muß. Die Unkosten zu Erreichung des letzten Zweckes müssen aus der Staatskasse im Allgemeinen bestritten werden, weil sie blos das allgemeine Beste, nicht das einzelner Ortschaften,

Kommunen, Individuen, beabsichten. — Um endlich den Wasserschaden den Beschädigten minder empfindlich zu machen, würden Wasserversicherungsanstalten fast eben so gut durch freiwilliges Zusammentreten mehrerer Interessenten errichtet und organisirt werden können, als es seit etwa funfzig Jahren bei Brandassekuranzsocietäten geschehen ist.

§. 29.

IV. 2) — Dasjenige, was die Policei thun darf und soll, um Leben und Eigenthum vor den gefährlichen Wirkungen des Feuers zu sichern und ihre Folgen wenigstens zu mildern, besteht, wie ich glaube, in drei Punkten. Sie sucht einmal Brandunglück zu verhüten und ihm zuvorzukommen; zweitens das entstandene Feuer so gut und so schnell, als es möglich ist, in seinem Fortgang zu hemmen, und größern Schaden abzuwehren; drittens den Nachtheil, der für die Einzelnen wirklich erwächst, zu mildern. In der erstern Absicht verbietet sie allen unvorsichtigen und wahrscheinlich schädlichen Gebrauch des Lichtes und Feuers; z. B. das Umhergehn mit offnem Licht in Ställen und Scheunen; das Tobakrauchen auf den Gassen oder beim Einfahren des Getreides und Heues; das Feueranzünden und Tobakrauchen in harzigten Wäldern, u. dgl., und bestraft die Uebertreter. Darum verbietet und bestraft sie alle andre unvorsichtige Handlungen, wodurch mit Wahrscheinlichkeit Brandunglück entstehen kann; z. B. das Trocknen des Flachses an Orten, wo er sich leicht entzündet; u. dgl. Darum verbietet sie alle feuergefährliche Baue, und befiehlt, daß die Schornsteine aus festen, dem Feuer widerstehenden Materialien gefertigt und zeitig gefegt, daß Koch- und Kesselherde mit Brandmauern verwahret, daß solche Gebäude, welche besonders der Entzündung ausgesetzt sind, und durch Entzündung vorzüglich gefährlich werden, als Pulvermühlen, Pulvermagazine, Schmelzöfen und Hüttengebäude, u. dgl. fern von andern Wohn- und Wirthschaftsgebäuden aufgeführt werden; darum führet sie besondere Aufsicht, daß diejenigen Werkstätten, die zwar in Städten und Dörfern seyn müssen, aber doch leicht ein Brandunglück veranlassen können, als Schmieden, Brau- und Malzhäuser, Brandweinbrennereien u. dgl. mit Festigkeit erbauet und mit Vorsicht behandelt werden, u. s. w. Bei dem Allen hat sie aber eine dreifache Regel zu beobachten. Die eine: da alle diese

Handlungen, die sie gebietet und verbietet, den innern Haushalt des Bürgers betreffen, in den sich die Policei so wenig einmischen, und den sie so wenig beschränken darf, als nur immer möglich ist: so darf sie auch hier Nichts verbieten, als wodurch nach den Regeln der Wahrscheinlichkeit ein Brandunglück leicht entstehen kann; und nach eben diesen Regeln der Wahrscheinlichkeit muß sie auch ihre Gebote abmessen. Auf Möglichkeit und entfernte Wahrscheinlichkeit darf sie nicht Rücksicht nehmen. Denn sonst würde sie aus übertriebner Aengstlichkeit den Bürger ohne Noth in seinem edelsten Gut, der Freiheit, beschränken.

Zweitens: Alles, was sie in der Absicht dem Bürger zu bauen und vorzurichten gebietet, muß er auf die wohlfeilste Weise bauen und vorrichten können, damit er nicht mehr der allgemeinen Sicherheit aufzuopfern genöthigt werde, als eben dazu unumgänglich nöthig ist. So sind Schornsteine von Lehmbacksteinen (zumal in Dörfern und in solchen Gegenden, wo Steine und Ziegel selten und theuer sind) oder gutverwahrte Lehmschindeldächer hinreichend.

Drittens: Sie muß auf die Uebertretung ihrer Gesetze kleine, und eben darum leicht zu vollstreckende

Strafen verordnen, diese aber unnachlässig vollstrecken. Freilich müssen aber diese Strafen verhältnißmäßig seyn und im Gesetz, nach dem größern oder geringern Grade der Verschuldung, nach der größern oder geringern Wahrscheinlichkeit und nach der größern oder geringern Quantität des zu verursachenden Schadens, so wie auf den doppelten Fall, daß Brandunglück wirklich dadurch entsteht, oder nur zu besorgen ist, abgemessen werden.

Eine Nebenfrage dringt sich hier mit auf: Ob die Policei auch die Anlegung der Blitzableiter dem Bürger gebieten kann? Vorausgesetzt, daß man von ihrer Zweckmäßigkeit und Nützlichkeit überzeugt ist, glaub' ich, daß sie es nur bei den dem Einschlagen des Blitzes vorzüglich ausgesetzten oder durch Blitzentzündung vorzüglich gefährlichen Gebäuden, als bei hohen Thürmen, Pulvermühlen, Magazingebäuden u. dgl. gebieten mag; da zumal deren Erbauung ohnehin einen beträchtlichen Aufwand erfordert, mithin, präsumtivisch, der Erbauer auch noch den kleinen Aufwand, des Blitzableiters, mit ertragen kann; äußersten Falls aber dieser Aufwand aus der Gemeindekasse, der er zum Vortheil gereicht, zu übertragen ist. Allein bei den Wohn- und Wirthschaftsgebäuden der Individuen glaub' ich es nicht, weil da jene Requisiten ermangeln, und der damit verknüpfte Aufwand weit größer seyn würde, als die Wahrscheinlichkeit der abzuwendenden Gefahr erfordert. Hier kann sie blos mit Belehrungen, Rathschlägen, Empfehlungen, Belobungen, Prämien, väterlich wirken.

§. 30.

Alles dasjenige, was die Policei in der zweiten Hinsicht zu thun hat, wenn wirklich ein Feuer entstanden ist, besteht in Löschungs- Rettungs- Sicherungsanstalten. Und da es ganz natürlich zu spät seyn würde, solche Anstalten und Einrichtungen, besonders die ersten, erst dann, wenn das Brandunglück schon da ist, treffen zu wollen: so erfordert es die Nothwendigkeit, deshalb das Nöthige in Zeiten zu veranstalten und vorzubereiten. Darum muß sie gewisse, zum Löschen bestimmte Materialien, Maschinen, Zugthiere, und Menschen bereit halten, auch die letztern behörig unterrichten, anweisen und instruiren lassen, um der Gewalt des Feuers alsbald und zweckmäßig Einhalt thun zu können. Hiermit muß sie aber auch

Rettungsanstalten für Menschen, Vieh, Mobilien, welche der Gefahr des Feuers ausgesetzt sind, verbinden, und mit beiden Sicherungsanstalten, daß die dem Feuer entrissenen Mobilien nicht den Dieben Preis gegeben, sondern ihrem rechtmäßigen Herrn aufbewahrt werden. — Alle diese Anstalten beruhn auf dem, auf Sicherheit berechneten, Gesellschaftsvertrag; und auf der — wenigstens stillschweigenden — Uebereinkunft Aller; indem ein Jeder, wenn ihn ein Brandunglück treffen oder ihm drohen sollte, durch solche Anstalten seiner Mitnachbarn, und durch das gemeinschaftliche, wohlüberlegte Mitwirken Aller vor Unglück sicher gestellt werden will und wollen muß, mithin auch selbst zu diesen Anstalten mitwirken und sich diesen Policeiverfügungen unterwerfen will und wollen muß. — Wenn nun also der nothwendige Zweck und die Existenz solcher Einrichtungen aus dem Gesellschaftsvertrag unmittelbar entspringt: so folgt daraus von selbst, daß alle dazu nothwendig erforderliche Mittel von den Mitgliedern der Gesellschaft ebenfalls gut geheißen werden müssen, wenn sie an den Vortheilen der Gesellschaft Theil nehmen wollen. Es darf also eine solche Anstalt, weder der Einrichtung, noch der Ausführung nach, der

Volksmasse überlassen werden, weil dieß neue Unordnung herbeiführen, mithin den Zweck zerstören würde. Sondern wenn schon bei der ersten Einrichtung die ganze Gesellschaft, hauptsächlich um der Lokalumstände willen, eine rathende Stimme haben mag: so muß doch die Organisation des Ganzen und die Execution der getroffnen Einrichtung einer — wirklichen oder moralischen — Person übertragen werden. So müssen ferner auch auf Unterlassungssünden verhältnißmäßige Strafen gesetzt, und promt vollstreckt werden; weil hier eine, an sich gering scheinende, Unterlassung eine ganze Gemeinde in großen Schaden setzen, mithin die Sicherheit des Ganzen gefährden kann. So darf sich kein Mitglied der Gesellschaft ausschließen, durch seine Leibeskräfte, durch seine Einsicht, durch sein Zugvieh, durch sein Geld, u. s. w. mitzuwirken. Es darf aber auch kein Einzelner vor dem andern prägravirt werden; sondern wenn der Eine von seiner Zeit, Kraft, Vermögen u. s. w. mehr als die Andern aufopfern muß: so gebührt ihm dafür hinlängliche Entschädigung von der ganzen Gesellschaft. Dieß ist auch der Fall, wenn ein Gebäude, um das Vordringen des Feuers abzuwehren, niedergerissen wird, da denn der Besitzer volle Entschädigung von der Gemeinde mit Recht zu fordern und zu erhalten hat; so daß er nur seine eigene Quote, als Gemeidemitglied, dazu beiträgt. Es darf endlich aber auch keine dieser Anstalten über das, was unumgänglich nöthig ist, ausgedehnt werden. Alles, was nur nützlich, aber nicht schlechterdings nothwendig ist, darf nicht geboten werden, sondern dessen Einführung muß blos auf freier Uebereinkunft der Gesellschaft beruhn.

§. 31.

Der dritte Gegenstand der Policei bei entstandenem Brandunglück ist Milderung des für den Bürger daraus wirklich erwachsenen Schadens. In wie ferne dieses der Staat durch Vergütungen, Erlasse, Geschenke aus seiner Kasse thut, in sofern gehört es nicht hieher. Allein die Policei vindicirt sich die Brandversicherungsanstalten. Und hier bin ich der festen Meinung, daß diese, da sie nicht absolut nöthig sind, sondern auch ohne sie Staaten mit voller Sicherheit bestehen können, und Jahrhunderte hindurch bestanden haben, vom Staate nie geboten, und die Bürger zum Beitritt durch Zwang nicht angehalten werden können;

sondern daß sie nur auf einer unter den Bürgern selbst getroffenen Uebereinkunft beruhen müssen. Ist diese aber einmal getroffen: dann kann und muß auch der Einzelne, sie zu erfüllen, Kraft des Vertrags, zwangsweise angehalten werden. Man theilt diese Anstalten gemeiniglich nach den Gattungen der zu versichernden Güter in Mo= und Immobiliarbrandversicherungsanstalten ein; und in manchen Ländern ist das platte Land von den Städten abgesondert. Fast jede solcher Anstalten hat ihre eignen Gesetze und Einrichtungen. Die Beurtheilung derselben wäre hier am unrechten Orte. Nur das bemerke ich, daß die Gesellschaft sich wohl vorzusehn hat, nicht hintergangen zu werden, und nicht durch allzugroße, den Schein wohlthätiger Milde vor sich tragende, Nachsicht selbst zu vorsätzlicher Brandstiftung oder doch wenigstens zur Vernachlässigung der Lösch= und Rettungsanstalten Anlaß zu geben. Darum halte ich es für gut und nöthig, daß kein Gebäude nach seinem vollen Werth taxirt werden darf, sondern daß der Verunglückte immer noch einen Theil des Brandverlusts selbst tragen muß; daß man ferner mit Strenge sowol beim Einzeichnen und Würdern der zu versichernden Mo= und Immobilien, als auch bei dem Angeben und Würdern der abgebrannten Mo- und Immobilien verfährt, und in beiden Fällen eher zu streng, als zu nachsichtig ist. Denn es muß dieß selbst der Wille der ganzen Gesellschaft seyn; da jedem Einzelnen daran gelegen seyn muß, daß nicht durch Bosheit oder Nachlässigkeit Feuer entstehe, und daß die Verunglückten nicht mehr erhalten, als sie nach dem erklärten Willen der Gesellschaft erhalten sollen. Und da hierunter Alles auf freier Uebereinkunft beruht: so kann sich auch kein Einzelner über Härte oder Zwang beklagen, weil es ja von ihm abhing: ob er ein Mitglied dieser Brandversicherungsgesellschaft werden wollte oder nicht!

§. 32.

Außer demjenigen Unglück, das durch Feuer und Wasser dem Eigenthum erwächst, giebt es freilich noch manche andre Kalamität. Aber diese ist entweder von der Art, daß sie sich nur selten oder nur örtlich ereignet, mithin darauf in einer allgemeinen Policei nicht Rücksicht genommen werden mag; oder ihre Natur erlaubt keine Mittel zu ihrer Abwendung; oder wir können zu Milderung ihrer schädlichen Folgen keine andern Anstalten treffen, als die wir bei jenen schon empfohlen haben. So sind Erdbeben überhaupt selten, und nur lokal; man kennt aber auch kein sicheres Mittel sie abzuwenden; und ihre Folgen lassen sich wohl nicht durch eigne, blos hierauf berechnete, Policeianstalten mildern. So ist Hagelschlag zwar ein gewöhnliches Unglück, dem aber die Policei nicht zu steuern weiß; nur durch Ermunterung zur Unterstützung und allenfalls durch den Versuch einer Hagelversicherungsgesellschaft kann sie die Folgen mildern. Noch ists aber wohl nicht entschieden, ob solche Gesellschaften ausführbar seyn möchten! Wider den Raupenfraß in Gärten und Wäldern hat man Policeigesetze genug; und doch ist man noch über die ersten Grundsätze uneinig. So ists bei manchen Raupenarten ziemlich entschieden, daß das Raupen sie nicht tilgt, sondern nur vermehrt, und daß nur die Witterung, oder ihre ungestörte Vermehrung mit dem darauf folgenden Mangel an Nahrung sie tilgen kann. So streitet man auch bei der sogenannten Wurmtrockniß: ob der schon vorher verdickte Saft der kranken Bäume die Generation der Raupe begünstigt, oder ob diese erst das Absterben der Bäume veranlaßt? —

Meines Erachtens thut man daher am besten, wenn man über solche Gegenstände gar keine allgemeinen Policeigesetze giebt. Belehrung, Rath, Beispiel, Erfahrung wirkt hier am sichersten; zumal da gemeiniglich durch die wohlthätige Einrichtung der Natur das Uebel eben so geschwind und unvermerkt geht, als es kam. Ich übergehe daher alle diese Arten von Unglück, und wende mich

§. 33.

IV. 3) — zu der großen Klasse Unglücklicher, die eine besondre Aufmerksamkeit und Fürsorge der Policei verdienen. Die Armenpolicei beruht auf zwei einfachen Grundsätzen; dem einen, daß man die Armen kennen lerne, sondere, klassificire; dem zweiten, daß man für jede Klasse zweckmäßig sorge. Arme nenne ich alle diejenigen, welche nicht so viel verdienen, als sie zu ihrer und der Ihrigen Subsistenz nothwendig bedürfen. Diese theilen sich von selbst in zwei Hauptklassen, die nicht so viel verdienen wollen, und die es nicht können. Jenen giebt die Policei zwei Gesetze. In dem einen verbietet sie ihnen das Betteln; in dem andern hält sie sie zur Arbeit an, und wenn sie es nicht ungezwungen thun, mit Zwang, in oder außerhalb öffentlicher Zwangsarbeitsanstalten. Hier tritt Alles dasjenige ein, was ich oben §. 14. gesagt habe; und ich setze nur noch hinzu: daß, da diese arbeitsscheuen Menschen entweder aus derselben Gemeinde sind, oder aus einer andern Gemeinde desselben Landes, oder aus einem fremden Gebiete; im ersten Fall die Gemeinde selbst für sie zu sorgen hat; im zweiten die Bettler erst zu ihrer Kommun zurückgebracht, und, wenn sie dieser abermals entlaufen, auf Kosten derselben zur Arbeit angehalten; im dritten aber die Bettler und Arbeitsscheuen das Erstemal in ihre Heimath zurückgewiesen, beim fernern Ertappen aber auf Kosten des Staats mit Arbeit und Kost versorgt werden müssen; im Fall zwischen demselben und dem andern Staate darüber keine Konvention vorhanden ist. Bettelei und Müßiggang sind die Pflanzschulen der Dieberei und Lüderlichkeit. Darum macht die Sicherheit es der Policei zur Pflicht, diese Menschen nicht zu dulden, sondern sie, wenn es nöthig ist, mit Zwang zur Arbeit anzuhalten. Ein Land, wo dieß mit Ernst geschieht, wird bald von Bettlern, Vagabonden, Müßiggängern befreit werden.

Diejenigen, welche nicht so viel verdienen können, als sie bedürfen, sind die wahren Armen, für welche die Policei sorgen muß. Sie auszukundschaften und zu klassificiren, kann in Dörfern und kleinen Städten blos ein Geschäft der Pfarrer, Gerichtspersonen und Vorsteher seyn; aber in größern Orten, zumal in großen, volkreichen Städten, muß diese mühsame Arbeit vielen redlichen, und einsichtigen Männern übertragen werden, ebendenselben, denen ich §. 14. die Aufsicht über die Sitten übertragen zu wissen wünschte.

Diesen Armen fehlt es entweder an Arbeit, oder an Kraft. Und diese letztern sind entweder ganz unvermögend Etwas zu verdienen, als kleine Kinder, unbehülfliche Alte, oder sie können nur nicht so viel verdienen, als sie bedürfen; schwächliche, kränkliche, gebrechliche Hausväter und Mütter zahlreicher Familien; oder sie sind nur durch Umstände der Zeit und des Orts daran behindert. Jener Hauptklasse gebe man Arbeit, und dadurch Verdienst; dieser ergänze man den Mangel, den sie sich selbst nicht ergänzen kann. Wenn jene entweder schlecht, oder nachlässig, oder betrügerisch arbeiten, und sich auf wiederholte Vermahnung nicht bessern: sinken sie in die Gattung der arbeitsscheuen Menschen herab, die mit Gewalt zum fleißigen, ordentlichen und redlichen Arbeiten angehalten werden müssen. Die Unterstützung dieser geschieht bald durch Bestimmung eigner Häuser und Stuben, worin sie mit minderm Aufwand gemeinschaftlich arbeiten können; bald durch unentgeldliche Darreichung von Feuerwerk und Licht; bald durch wohlfeile oder freie Kost; bald durch Kleider, Betten, Wäsche u. dgl.; bald aber auch durch baare Geldzuschüsse; man muß jedoch diese letzte Art von Unterstützung allemal für die mindest gute halten, zu der man daher nur auf den äußersten Fall vorschreiten muß *).

Die Organisation solcher Anstalten ist außer den Grenzen dieses Entwurfs; wir haben auch

*) Ein anderes sind Geldvorschüsse, wenn einem Handwerksmann zum wohlfeilern Ankauf seines Materials oder seiner Werkzeuge, einem Fabrikanten zum schwunghaftern Betrieb seiner Fabrik, u. s. w. auf bestimmte Zeit unverzinnslich oder gegen leidliche Zinse Gelder vorgeschossen werden, um ihm zu helfen, und vor dem Verarmen zu sichern. Diese Unterstützungen aber gehören nur im weitesten, nicht im engern Sinn unter dieses Kapitel.

darüber trefflichen Unterricht und belehrende Beispiele. Hier bemerke ich nur, daß die Versorgung der Armen die Pflicht jeder Gemeinde ist. Nur dann kann die Mitwirkung des Staats verlangt werden, wenn die Kraft der Kommun dazu unzureichend ist. Denn alsdann wird die Kommun selbst ein unvermögendes Mitglied der großen Familie des Staats; wie vorhin die einzelnen Armen unvermögende Mitglieder der kleinen Familien der Gemeinde waren." Eben nach diesem Grundsatz sind vor allen Dingen die Familien selbst ihre Armen zu versorgen schuldig, ehe sie der Gemeinde zur Last fallen können.

Hat man erst die Armen nach ihrem verschiedenen Bedürfniß klassificirt, und hat man einen Plan zu ihrer Unterstützung mit Arbeit und Lebensbedürfnissen entworfen: dann wird das Ganze entweder aus der Gemeindekasse, wenn sie dazu hinreicht, bestritten, oder durch freiwillige Beiträge der Kommunmitglieder zusammengebracht, oder das Ermangelnde, nach dem gewöhnlichen Steuerfuße, als Armensteuer ausgeschrieben und vertheilt. Denn, wenn es einmal entschieden ist, daß die Sicherheit der Gesellschaft diese Policeimaßregeln nothwendig erfordert, damit nicht aus Armen nach und nach

Bettler, Müßiggänger, Vagabonden, Verbrecher werden; und daß die Natur des Gesellschaftsververtrags, und der erste Grundsatz der Moral so wie des Staatsrechts:

„Alles, was ihr wollt, das euch die Leute thun sollen, das thut ihr ihnen auch"

die Fürsorge und Unterstützung der Unvermögenden gebietet so leidet es keinen Zweifel, daß die sämmtlichen Glieder der Gesellschaft die zur Erreichung dieses Zwecks erforderlichen Mittel darbieten müssen, und dazu zwangsweise angehalten werden können. Wiewol ich glaube, daß das Ausschreiben uud Beitreiben dieser Armensteuer nicht für die Policei, sondern für die exekutive Gewalt gehört, welcher die Policei die erforderliche Summe anzuzeigen, und sie um deren Vertheilung und Eintreibung zu ersuchen hat.

Wir haben eben gesagt, daß arbeitsscheuen Menschen das Betteln zu verbieten sei. Darf aber auch das Geben verboten werden? Man behauptet anch dieses, aus Konsequenz, weil, so lange noch Geber existiren, sich immer auch Bettler finden würden. Ich glaube es aber nicht; weil es mir ein unnöthiger Eingriff in die Freiheit des Individuums zu seyn dünkt; weil dem Betteln auf andre Art, besonders durch strenge Aufsicht und öffentliche Arbeit, gesteuert werden mag; weil ein Verbot des Gebens nie zur Ausführung gebracht werden kann; und weil man dadurch den Geist der Wohlthätigkeit in seinem ersten Keime erstickt. Hier darf der Staat nur belehren, bitten, vermahnen, daß und warum man seine Wohlthaten nicht an einzelne Arme, deren Umstände man oft nicht einmal genau kennt, verschwende, sondern dem öffentlichen Fond zur verhältnißmäßigen, zweckmäßigen Vertheilung übergeben, und das, was man noch außerdem unmittelbar geben will, für verschämte Arme anwenden möge. Denn diese öffnen dem Wohlhabenden noch ein weites Feld der Wohlthätigkeit; da sie, die sogenannten Hausarmen, die verschämten Armen, nur auf den äußersten Fall in subsidium, ein Gegenstand der gemeinschaftlichen Fürsorge der Gemeinheit werden können; der Regel nach aber, mehr der Milde ihrer Verwandten, Bekannten, Freunde, und der bemittelten, wohlwollenden Individuen empfohlen bleiben; an deren Stelle nur im Nothfall die Gemeinde tritt; so wie der Staat im Nothfall an die Stelle der Kommun. —

Von der Fürsorge für arme Kranke habe ich schon oben §. 18. geredet.

§. 34.

Bis hieher, und besonders in Allem dem, was ich vom §. 15. an gesagt habe, haben wir die Policei mit dem Wohlstand des Ganzen und der Einzelnen mehr negativ beschäftigt gesehn, daß sie Unglück abzuwehren und seine Folgen zu mildern sucht. Eben darum, und weil sie dabei die Sicherheit des Ganzen und der Individuen hauptsächlich im Auge hatte, konnte sie auch in den meisten Fällen mit Verboten und Befehlen zu Werke gehen. Ich kann aber auch nicht umhin, eben hier auf einen Umstand aufmerksam zu machen, der die Policei vor allen andern Theilen der Staatsgewalt auszeichnet. Wenn ihnen allen Sicherstellung des Ganzen und der Individuen obliegt: so können die andern doch nur vor äußerer Gewalt oder vor innerer Störung der Menschen den Staat sichern. Die Policei aber dehnt ihre Fürsorge auch auf diejenigen Störungen aus, welche die Elemente und andre unverschuldete Naturereignisse dem Staate und seinen Bürgern androhen oder wirklich zufügen. Freilich kann sie den Elementen und der Natur nicht unumschränkt, nicht unmittelbar gebieten; aber durch Menschen, durch vereinte menschliche Kraft und Klugheit und guten Willen kann sie doch den Verheerungen der Natur Schranken setzen, und sie für die Bürger unschädlicher machen.

Hat nun bis hieher die Policei größtentheils die Rolle des Gebieters gespielt: so muß sie dann, wenn sie den Wohlstand des Ganzen und seiner Theile positiv und geradezu befördern will, mehr die Rolle des Vaters übernehmen.

§. 35.

V. Zwischen unsern politischen Schriftstellern sind die Meinungen bisher getheilt gewesen. Einige haben die Bevölkerung überhaupt, andre nur die Bevölkerung mit arbeitsamen, nützlichen Menschen, als den Grund des Wohlstands eines Staats angesehen. Die Grundsätze, denen ich folge, bestimmen mich natürlich für die letzte Meinung; denn ich kann einem Staate, der eine große Volksmenge, aber in derselben viel Diebe, Müßiggänger, Bettler &c. ernährt, unmöglich den

Vorzug vor einem andern einräumen, in welchem eine geringere Anzahl fleißiger Menschen zusammenlebt. Bei Fleiß und guten Sitten wird sich die Volksmenge von selbst vermehren; mit ihr aber auch die Zahl guter Staatsbürger. Der Wohlstand eines Staats beruht daher vielmehr im Allgemeinen auf Moralität und Arbeitsamkeit seiner Bürger; (und was die Policei hierunter zu thun hat, haben wir schon vorhin kürzlich berührt:) dann auf einer guten Verfassung und Regierung; dieses gehört aber nicht für die Policei, sondern für die Politik; sie beruht aber insbesondre auf der Kultur des Bodens im weitesten Sinne des Wortes; auf der Verarbeitung der Naturprodukte, oder auf Industrie in Manufakturen, Fabriken und mechanischen Künsten; auf dem Handel, und auf der Kultur des Geistes durch Wissenschaften und freie Künste. Bei allen diesen Gegenständen finden keine gebietenden oder verbietenden positiven Policeigesetze Statt; man würde vielmehr durch jedes Zwangsgesetz dem menschlichen Geiste und Fleiße Fesseln anlegen, und die Kultur aller Art hemmen. Nur durch Belehrung, Belobung, Belohnung, Rathschläge, Beispiele und Anstalten kann sie die Policei befördern.

§. 36.

V. 1) Leibeigenschaft und Frohnden zählt man, und wohl nicht mit Unrecht, zu den Hindernissen der Kultur. Aber auch ihre Aufhebung muß durch moralische Mittel, durch Uebereinkunft mit den Interessenten und mit Klugheit erfolgen. So wie der Sklave, wenn er mit einem Sprunge zum ganz freien Menschen erhoben wird, nur einen schädlichen Gebrauch seiner Freiheit macht, mithin es für ihn selbst, so wie für das Ganze wohlthätiger ist, wenn er Anfangs in den Stand des Leibeigenen übergeht: also mag auch der Leibeigene erst zum Frohnbauer werden, ehe er ein ganz freier Bauer werde. Ueberdem tritt bei Leibeigenen und Frohnbauern noch ein doppelter Umstand ein; der Eine, daß er oft mit dem Gewinnst der Freiheit seinen Unterhalt verliert, den er bisher von dem Gutsherrn hatte; der Andre, daß dieser, wenn man gegen ihn nicht ungerecht handeln will, für den Verlust entschädigt werden muß. Wo indeß die Aufklärung dahin gediehen ist, daß die Aufhebung der Leibeigenschaft und Frohnden laut begehrt wird: da gebietet es die Klugheit den Gutsherrn, durch Verträge, die sie darüber in Zeiten mit ihren

Unterthanen schließen, dem wilden Ausbruch ihrer Wünsche zuvorzukommen.

Namentlich bei Aufhebung der Frohnden muß der Gutsherr blos den mehreren Aufwand in Anschlag bringen, den er, bei eigner Bewirthschaftung des Guts, künftig nothwendig machen muß; der Frohnbauer aber den Verlust, den er bisher durch die Frohnden erlitt. Dieß wird beide Theile zu einer billigen Berechnung, mithin zu einem annehmlichen Vergleiche hinleiten; im umgekehrten Falle aber davon entfernen. Die beste Art der Frohnvergleiche ist unstreitig die, wenn die Frohnde auch bis auf den Namen vertilgt wird. Das geschieht, wenn die frohnverpflichtige Kommunität dem Frohndeherrn für die Frohnden irgend ein Aequivalent, z. B. ein Grundstück, ein Befugniß, u. s. w. tauschweise zum Eigenthume abtritt. Denn dadurch wird zugleich der Werth des Guts nicht verringert, sondern, wo nicht erhöht, doch erhalten. Demnächst ist ein Geldäquivalent, ein Hauptstamm, womit die Dienste auf immer abgekauft werden, am rathsamsten; nur muß es gleich vom Gutsherrn dazu angewendet werden, um seinen ganzen Haushalt also einzurichten, daß er ihn künftig ohne neuen Aufwand, mit eignem Zugvieh und mit bezahlten Dienstbothen und Taglöhnern führen kann. Geht aber weder das Eine noch das Andre an: so ist es immer rathsamer, wenn das jährlich zu entrichtende Frohndesurrogat nicht auf baares Geld, sondern auf Früchte, wenigstens zum größten Theil, gesetzt wird; diese kann der Bauer, die Preise mögen steigen oder fallen, eher liefern, und der Gutsherr behält immer dasselbe Äquivalent. Bei einem bloßen jährlichen Frohndegelde, welches daher nur im letzten Falle anzurathen ist, verliert in der Zeitfolge immer einer von den beiden kontrahirenden Theilen.

Bei dem allen kann die Staatsgewalt nur in so weit wirken, daß sie mit ihrem Beispiel auf den Domanialgütern vorangeht; dann, daß sie bei den Gütern der Unterthanen, namentlich der Vasallen, wenn diese mit ihren Bauern Frohnvergleiche schließen, ihre besondern, z. B. lehnsherlichen, Rechte gern aufopfert, und aus diesen dem Vergleich kein Hinderniß entgegenstellt; ferner, daß sie einsichtige, billig denkende, mit den zu diesem Geschäfte nöthigen Kenntnissen ausgerüstete Männer abordert, welche den Interessenten, auf ihr Verlangen, solche Vergleiche vorbereiten, einleiten, abschließen helfen; und daß sie bei Bestätigung dieser

Konventionen aller Dunkelheit und Zweideutigkeit abzuhelfen sucht, wodurch künftig neue Irrungen entstehen könnten. Außerdem stehn ihr nur die oben angedeuteten moralischen Mittel zu Gebot.

Und durch diese wird sie auch die andern Hindernisse, welche der Kultur des Bodens entgegenstehn, allmählig wegzuräumen suchen; z. B. beim Feldbau auf die Vertheilung der Kommun- und Koppelweiden und Triften, bei der Holzkultur auf die Aufhebung der Forsthut hinarbeiten; sie wird diejenige Produktion vorzüglich begünstigen, welche dem Staate unentbehrliche und nützliche Materialien liefert; sie wird die inländischen Gattungen von Thieren und Naturerzeugnissen durch edlere ausländische Arten zu verbessern suchen; sie wird fremde erfahrne Oekonomen und Forstmänner gern aufnehmen, fremde Erfahrungen und Gewohnheiten gern benutzen, den Absatz der inländischen Produkte gern befördern, und überall die Domanialgüter zum nachahmungswürdigen Beispiel aufstellen. Auf die höhere Stufe, auf der in Sachsen namentlich die Schafzucht und der Ackerbau steht, ist dieses Land vorzüglich durch zwei Thatsachen geleitet worden; die eine, daß der Fürst durch das Einbringen spanischer Schafe auf seine Domainengüter den Grund zur Veredlung der inländischen Schafzucht legte, die sich nun über das ganze Land verbreitet hat; die zweite, daß seit dreißig bis vierzig Jahren viel fremde Oekonomen Güter in Sachsen erpachtet, auch wohl gekauft und selbst verwaltet haben; welche ihre Erfahrungen und Gewohnheiten mitbrachten, und nach und nach mit den hiesigen vermischten; so, daß allmählig die Eingebohrnen von den Ausländern, und diese von jenen das Eine und das Andere annahmen, und so das Gute und Nützliche in der Feldkultur, das vorher in mehrern Landen zerstreut war, nunmehr in Einem vereinigt wurde. Eben darum ist man aber in so vielen Ländern in der Holzkultur noch weit zurückgeblieben, weil man die Erfahrungen und Kenntnisse des Auslandes nicht benutzt hat, vielmehr bei alten Gewohnheiten stehen bleibt, welche der guten Forstwirthschaft wesentliche Hindernisse in den Weg legen. — Wenn es daher der Staatskasse schon vortheilhafter seyn sollte, die Domanialgüter zu verpachten: so empfiehlt doch die Staatspolicei die eigne Verwaltung wenigstens einiger großer Domanialgüter in jeder Provinz. Aber dieß muß mit Sorgfalt geschehen, und hauptsächlich in der Absicht, um hier Musterwirthschaften für das ganze

Land aufzustellen; um hier Versuche aller Art zu machen, deren Mißlingen der Kasse geringen Nachtheil, deren Gelingen dem Ganzen großen Vortheil bringt, um hieher veredelte Thierracen zuerst zu verpflanzen, und sie von hier aus dem Lande zu geben; um hier gute Oekonomen zu bilden, und durch sie bessere Grundsätze im ganzen Lande zu verbreiten. Auf wissenschaftlichen, gelehrten Unterricht rechne ich beim Ackerbau sehr wenig; Erfahrung und Angewöhnung muß hier das Meiste thun; denn die Zahl der Producenten ist zu groß, und ihre Fassungskraft zu verschieden, um von jenem Nutzen fürs Allgemeine zu erwarten. Oft streitet auch die in der Stube erdachte Theorie ganz mit der Praxis auf freiem Felde. Wenn indeß nur die Köpfe der großen Oekonomen überhaupt heller, und für das, was aus der Physik, Chemie u. s. w. für den Feldbau entlehnt werden kann, empfänglicher werden: so können und müssen auch die wissenschaftlichen Fortschritte unsers Zeitalters für die Oekonomie nützlich werden *).

*) Die Kultur der Wiesen ist wohl noch am wenigsten planmäßig betrieben worden, und hier scheint mir einiger wissenschaftlicher Unterricht, wo nicht nöthig, doch sehr nützlich zu seyn.

Zu der Forstkultur ist ein eigner wissenschaftlicher Unterricht weit ausführbarer, heilsamer, und nothwendiger. Nur wenig Menschen sind es, die in einem ganzen Lande sich mit der Forstwirthschaft beschäftigen. Man hat auch schon von jeher zu einem Forstmann erfordert, daß er unterrichtet sei; daher darf man jetzt nur die Gegenstände und die Art des Unterrichts verändern und verbessern; gewisse Wissenschaften, als Naturgeschichte, Technologie, Mathematik ꝛc. werden unumgänglich vorausgesetzt, wenn man sich zu einem guten Forstmann bilden will. Nur muß auch diese wissenschaftliche Bildung nicht die eines Stubengelehrten seyn, sondern sogleich mit der Uebung im Walde verbunden werden. Dieß ist aber nur von den eigentlichen Forstofficianten zu verstehen, nicht von den Holzhauern, Planteurs, Köhlern, und dergl. Handarbeitern, welche blos mechanisch ihre Arbeit verrichten, aber dem Förster gehorchen müssen, wenn er ihnen, auf eine bessere Art, ihr Geschäft zu treiben befiehlt.

Uebrigens kann die Staatspolicei, um die Holzkultur zu ermuntern, um die Holzsparung stärker und allgemeiner zu machen, um die Industrie zu beleben, daß sie andre Feuerungsmaterialien, als Torf, Steinkohlen, Braunkohlen ꝛc. aufsuche und herbeischaffe, nur durch Prämien, Belobungen, Belehrungen wirken; so wird sie durch Befreiung oder Verminderung der Abgaben die neuen Anpflanzungen unterstützen; sie wird Maschinen und Werkmeister auf ihre Kosten kommen lassen, welche die Holzersparniß bewirken und verbreiten; sie wird die Aufsuchung des Torfs, der Steinkohlen ꝛc. Jedem erlauben, der sie auf seinen Grundstücken aufzusuchen geneigt ist; sie wird den in- und ausländischen Debit der Surrogate durch Zollfreiheit, oder auf andre Art ermuntern; der Staat wird überall, in Aufsuchung tauglicher Surrogate in seinem Eigenthume, im Gebrauche holzsparender Maschinen und Vorrichtungen in seinen Gebäuden und Fabriken u. s. w. mit seinem Beispiel vorangehn, und durch mehrere in seinen Händen stehende Mittel Alles thun, was der Endzweck erfordert, und die Heiligkeit des Rechts und Eigenthums der Unterthanen erlaubt. Ein vorzügliches Hülfsmittel zur Forstkultur und bessern Behandlung der Privatwaldungen sind vom Staat gestiftete Forstseminarien und Plantagen, wenn er aus jenen tüchtige Forstbediente, aus diesen gute, unserm Boden und Klima angemeßne Pflanzhäuser dem Privatmann anbietet.

Zu den vorzüglichen Naturprodukten, deren Gewinnung den Wohlstand des Landes befördert, gehören Metalle, und nächst ihnen Mineralien, Edelsteine, u. dgl. Manche Philosophen, selbst der neuern Zeit, haben aus Gründen des allgemeinen Staats = oder angewandten Naturrechts das Befugniß der Regierung, sich namentlich die Metalle als Regalien zuzueignen, herzuleiten gesucht. Ich habe mich hier darauf nicht einzulassen, da ich nicht von ideellen, sondern von wirklichen Staaten rede. In diesen sind sie schon entweder absolute Regalien des Staats, oder sie sind es gar nicht, oder sie sind es nur zum Theil. In Ansehung derjenigen Metalle, Mineralien, u. s. w. die des Staats ausschlüßliches Eigenthum sind, kann die Policei nichts verordnen; denn sie gehören zu den Monopolien, wo die Regierung blos der innern Stimme der Rechtlichkeit folgen soll, und der der Klugheit folgen muß. Den Unterthanen aber kann sie in Ansehung der von ihnen zu gewinnenden Metalle ꝛc. entweder, wenn sie ihnen die Aufsuchung derselben blos vergünstigt und bewilligt, Bedingungen vorschreiben, unter welchen sie diese Vergünstigung genießen sollen, welche die Policei nach dem wahren allgemeinen Wohl des Ganzen abzumessen hat; oder, wenn die Unterthanen nach der Staatsverfassung dazu unbedingt berechtigt sind: so treten hier alle die Policeimaßregeln ein, die ich im Allgemeinen in Ansehung der Kultur des Bodens berührt habe. Eben das gilt auch von der Jagd, und vom Fischfang; nur daß hier die Policei noch überdem, in Ansehung der dem Leben, der Gesundheit, und dem Eigenthum der Menschen schädlichen Raubthiere Gesetze geben mag, welche doch nicht den aus der Kultur entstehenden Wohlstand, sondern die Sicherstellung zum Gegenstande haben.

§. 37.

V. 2) Die Industrie, oder die weitre Verarbeitung der Naturprodukte, geschieht durch Handwerker, Manufakturen, Fabriken, mechanische Künste. Von den Handwerken werde ich im Kapitel von der städtischen Policei reden. Von den übrigen berühre ich hier, unter Berufung auf die allgemeinen Grundsätze, noch insbesondere, daß die Regierung, welche zu viel Mittel in Händen hat, um sich Vorzüge vor den mit ihr koncurrirenden Unterthanen anzumaßen und sie geltend zu machen, keine Fabrik und Manufaktur derjenigen Gattung anlegen darf, von welcher schon die Unterthanen Fabriken und Manufakturen angelegt haben; daß sie aber zur Aufmunterung der Unterthanen solche gemeinnützige und nach dem Lokal mit Vortheil zu errichtende Fabriken und Manufakturen anzulegen, und so lange, bis sie den Zweck erreicht hat, zu unterhalten berechtigt und sogar verbunden ist, welche in dem Lande noch nicht existiren, oder auch wohl ein zu starkes Kapital erfordern, um von einem Privatmann unternommen zu werden;

daß den Fabriken und Manufakturen weder bei ihrer Anlegung, noch nachher einiger Zwang anzuthun, sondern Alles der freien Wahl und eignen Betriebsamkeit der Unterthanen zu überlassen ist;

daß aber die Begünstigung der Fabriken und Manufakturen nach dem höhern oder geringern Grade der Unentbehrlichkeit und Gemeinnützigkeit abzumessen, auch bei gleichem Verhältniß denen, die inländische Naturprodukte verarbeiten, der Vorzug zu geben ist. — Viele Arten solcher Begünstigungen, als Geldvorschüsse, Befreiung von Abgaben, u. dgl. hängen freilich mehr von den Kammern ab, mit denen die Policei sich hierunter vereinigen muß; aber manche sind doch der Policei eigen; als Prämien, Belobungen, Ehrenbezeugungen, Fürsorge, die dazu nöthigen Materialien aus dem Auslande sicher und wohlfeil zu erhalten; Aufsuchung und Aufstellung von Modellen, Kunstwerken, Maschinen rc.; Herbeiziehung und Belohnung geschickter Werkmeister und Künstler; Errichtung polytechnischer Schulen; Versuche, die Theorie der Wissenschaften auf Fabriken, Manufakturen, und mechanische Künste anzuwenden, u. dgl. Auch glaube ich, daß es zur Staatspolicei gerechnet werden kann, daß die Regierung ihre eignen Bedürfnisse aus inländischen Fabriken und Manufakturen vorzugsweise erholt; welches nicht nur die Industrie ermuntert, und den Absatz der inländischen Industrieprodukte unmittelbar befördert, sondern auch als ein erhabnes, weit umher leuchtendes, Beispiel auf die Unterthanen wirkt, mithin mittelbar zur Beförderung des Vertriebs ungemein viel beiträgt.

§. 38.

V. 3). Das Leben des Handels beruht auf unbedingter Freiheit. Darum darf sich die Policei in den Handel durchaus nicht einmischen;

denn jede Einmischung, auch die entfernteste und leiseste, ist ein Zwang, der dem Leben des Handels nachtheilig ist. Sie darf also auch nicht den Handel mit Landesprodukten vor dem mit Produkten des Auslandes, nicht den eignen vor dem Speditions- Kommissions- und Transitohandel begünstigen. Oft ist der letztere, so wie der ausländische Handel, wegen des Fuhrwesens, der Konsumtion, der Speditionsgebühren, des größern, oder sicherern, oder mehr vertheilten Gewinns, dem ganzen Lande vortheilhafter, als der mit inländischen Waaren, von dem manchmal nur einige den ganzen Vortheil ziehn. Und jeder Vorzug, der der einen Gattung des Handels gegönnt wird, ist ein schädlicher Zwang für einen andern Handelszweig; mithin streitet er mit dem Geiste des Handels an sich. Denn in einem Staate wird der Handel nie gedeihn, wo er durch die Landespolicei beschränkt, oder auch nur sichtbar geleitet wird. Und warum sollte man die eine Quelle des Wohlstandes absichtlich verstopfen, da sie doch alle neben einander fließen, und Segen über ein Land verbreiten können? Handelsschulen sind das Einzige, durch deren Errichtung die Policei sich um ihn ein positives Verdienst erwerben kann.

Für alle diese drei Hauptnahrungszweige, für Kultur des Bodens, Industrie und Handel sind sichre, gute Straßen, schiffbare Flüsse und Kanäle vorzüglich wohlthätig und nöthig, daher kann dieser Gegenstand der Landespolicei nicht genug empfohlen, von ihr nicht sorgfältig genug beachtet werden.

§. 39.

V. 4) Es bedarf keines Beweises, daß Wissenschaften und freie Künste den Wohlstand einer Nation befördern. Sie thun das nicht nur durch ihren Einfluß auf Kultur, Industrie und Handel, sondern auch dadurch, daß sie die Staatsbürger überhaupt aufklären, sie vor Einseitigkeit und Engherzigkeit verwahren, ihre Sitten mildern, und sie auf eine höhere Stufe der Kultur führen. Beide sind aber auch ausschlüßliches Eigenthum des menschlichen Geistes, mithin außer den Grenzen der Rechtlichkeit und Sicherheit. Darum finden in Hinsicht ihrer keine Zwangsgesetze statt. Die Policei muß nur ihre Pflegerin seyn, und das ist sie, theils, wenn sie Institute errichtet und unterhält; theils, wenn sie diejenigen belohnt, die sich vorzüglich auszeichnen. Jene Anstalten nennen wir

Universitäten und Akademien. Den letztern Namen braucht man in doppelter Bedeutung; einmal als theoretisch-praktische Schulen für freie, besonders bildende, Künste; zweitens, als gelehrte, vom Staat sanctionirte Gesellschaften, welche sich dadurch von den Universitäten unterscheiden und vor ihnen auszeichnen, daß diese auf Bildung künftiger Gelehrten und Geschäftsmänner im wissenschaftlichen Fache, mithin auf deren Unterweisung in den Wissenschaften nach bestimmten Systemen, besonders zur Brauchbarkeit im künftigen Geschäftsleben, jene auf Vervollkommnung der Wissenschaft, mithin auf Erfindung, Untersuchung, Prüfung neuer Sätze, Wahrheiten, Systeme, gerichtet sind. — In Ansehung aller dieser Anstalten hat die Policei Alles das zu thun, was wir oben von Erziehungs- und Lehranstalten überhaupt gesagt haben. Wir setzen hier nur noch insbesondre hinzu, daß Universitäten und Akademien auch mit Bibliotheken, Sammlungen und Kabinetten aller Art reichlich ausgestattet, die erstern auch mit Anstalten zu praktischer Bildung verbunden werden müssen; und daß die Herbeiziehung auswärtiger Gelehrten um deswillen nützlich, ja nöthig ist, um Vielseitigkeit zu verbreiten, und den Nepotismus zu verdrängen. Wo die Lehrer auf Universitäten und Akademien blos aus den inländischen Pflanzschulen erholet, wohl gar nach der steifen Regel der Anciennetät ernennet werden, da wird die Wissenschaft, welche es auch sei, so leicht nicht fortschreiten, sondern höchstens auf dem alten Standpunkt stehn bleiben.

§. 40.

VI. 1) Wenn man den städtischen Wohlstand insbesondre betrachten will: so muß man auf die den Städten eignen Vorrechte Rücksicht nehmen. Diese sind, nach der angenommenen Meinung, Wochen- und Jahrmärkte, Handel, Handwerker, Brauerei, Bier-, Wein- und Brandweinschank. In vielen Ländern hat man dieses alles den Städten ausschlüßlich vor den Dörfern zugeeignet; aber doch hin und wieder Ausnahmen machen müssen, welche die Unzweckmäßigkeit und Unausführbarkeit des Zwanggesetzes nur bestätigten.

Nach meiner Meinung gereicht es nicht nur zum Wohlstand der Städte, sondern auch des platten Landes, daß in jenen Wochen- und Jahrmärkte existiren. Die größere Anzahl der zusammenlebenden Stadtbewohner, und die Mehrzahl derer, welche ihre Bedürfnisse nicht selbst erzeugen, auf der einen, so wie die für die Feldbesitzer des platten Landes entstehende Nothwendigkeit, ihre Produkte sicher und mit Vortheil in der Nähe abzusetzen, und ihre übrigen Bedürfnisse mit Bequemlichkeit einzukaufen, auf der andern Seite, scheinen es der Policei anzurathen, daß die Märkte in den Städten beibehalten werden, damit diese der Mittelpunkt für die umliegende Gegend zum gegenseitigen Austausch werden. Auf den Dörfern ist das nicht möglich, da man wohl zwanzig, ja funfzig Dörfer nehmen kann, denen eine einzige Stadt zum bestimmten Punkte dienet. Mithin mögen mit Recht Wochen- und Jahrmärkte den Städten bleiben, denen sie schon die Natur der Sache angewiesen hat. Eine besondre Marktpolicei ist allerdings nöthig, doch nur in Ansehung der Sicherheit, wovon wir schon geredet haben; daß keine ungesunden, verfälschten, verdorbnen Waaren vertauscht, daß keine Fälschungen und Betrügereien im Maß und Gewicht vorgenommen, daß Käufer, Verkäufer, Waaren, vor Mißhandlungen und Unglücksfällen so gut wie möglich sichergestellt werden, u. s. w. Im übrigen darf dem Verkehr selbst auf dem Markte keine Grenze gesetzt werden; nur die Konkurrenz der Verkäufer und Käufer muß den Preis bestimmen. So wie es dem Käufer freistehen muß: ob er den geforderten Preis bezahlen will oder nicht: so muß es auch dem Verkäufer freistehn, ob er für den ihm gebotenen Preis seine Waare ablassen will oder nicht? Die Waaren, die er nicht verkaufen kann, muß der Landmann eben so gut frei und ungehindert mit zurücknehmen dürfen, wie der Kaufmann die seinigen in sein Gewölbe zurücklegt. Es darf Niemandem der Vorkauf zugeeignet, kein freiwilliger Aufkauf gewehret, sondern es muß Alles der Konkurrenz überlassen werden, denn der Markt, vom kleinsten Wochenmarkt bis zur größten Messe, gehört unter die Hauptgattung des Handels, der keinen Zwang leidet, und durch Konkurrenz sich selbst machen muß.

§. 41.

VI. 2) Allein außer dem Marktrecht glaube ich, daß man den Handel im Allgemeinen den Dörfern nicht absprechen mag. Theils giebt es viel Artikel, deren der Landman zu seinem täglichen, wirthschaftlichen Betrieb bedarf; theils giebt es Dörfer, welche keinen oder wenig Feldbau treiben, bei welchen mithin die Ursache wegfällt, warum man den Handel von dem Lande verbannen wollte; theils sind manche Dörfer so situirt, daß in ihnen der Handel vorzüglich gedeihen mag. Der Regel nach wird sich der Handel ohnehin hauptsächlich in die Städte ziehen, ohne daß diese von den Dörfern große Beeinträchtigung zu besorgen haben. Darum halte ich es auch der Klugheit gemäß, daß man darüber kein Verbietungsgesetz giebt, das sich aus den allgemeinen Grundsätzen der Policei sowol, als des allgemeinen Staatrechts überhaupt nicht rechtfertigen läßt.

§. 42.

VI. 3) Weil die Dörfer sich vom Feldbau nähren und damit beschäftigen sollen: so glaubt man, daß den Städten die Handwerke ausschlüßlich zuzusprechen wären, sowol damit die Bauern im Feldbau nicht gestört und davon abgehalten werden, als auch damit den Städten ihr Nahrungszweig gesichert bleibe. Aber, nicht nur giebt es Dörfer, welche keinen oder wenig Feldbau haben, und auf sehr vielen Dörfern giebt es Menschen, die sich nicht vom Feldbau nähren; sondern es giebt auch viel Handwerker und Handwerksprodukte, welche die Dorfbewohner nothwendig brauchen, und Naturprodukte, welche die Dörfer selbst den Handwerkern liefern und am besten, zumal in den Wintertagen, selbst verarbeiten können. Darum ists so klug, als rechtlich, wenn man den Städten hierunter kein ausschließendes Vorrecht giebt, sondern die Handwerker überall da läßt, wo sie am besten gedeihen. Das Marktrecht der Städte wird ohnehin den städtischen Handwerkern den meisten Absatz verschaffen, zumal wenn sie nicht vor andern Unterthanen mit Abgaben belastet sind; da sie sich ganz und ausschließlich dem Handwerk widmen können, welches auf dem Lande nur selten der Fall ist. —

Die Handwerker (auch hin und wieder die Kaufmannschaft) hat man in Gilden und Zünfte vereinigt, und ihnen bestimmte Innungsartikel gegeben, in der Meinung, dadurch der Pfuscherei zu steuern, dadurch geschickte Meister zu bilden, und ihre Rechte zu sichern. Die Vertheidiger der gegentheiligen Meinung berufen sich nicht nur auf die Mißbräuche, welche mit dem Zunftwesen fast nothwendig verbunden sind, und durch die schärfsten Gesetze nicht abgeschafft werden können, sondern auch auf den Zwang, der dem einen Theile der Staatsbürger, so wie dem andern dadurch angethan wird. Sie halten es für unverhältnißmäßig, daß nur einige Gewerbe und Nahrungszweige in Fesseln geschmiedet, die andern aber frei seyn sollen; sie halten es für nützlicher und für vernünftig, daß ein Jeder dasjenige Gewerbe treibe, das er geschickt und fertig treiben kann, ohne es zunftmäßig gelernt, oder das Meisterrecht artikulsmäßig gewonnen zu haben. — Wo noch keine Gilden, Zünfte, Innungen bestehn, würde es unstreitig mit den hellen Einsichten unsers Zeitalters und mit dem Geiste einer guten Policei nicht verträglich seyn, sie erst zu stiften. Aber wo sie schon bestehn, würde man wahrscheinlich die Sicherheit und Wohlfahrt des Staats gefährden, wenn man sie gewaltsam abschaffen wollte. Wenn man aber einem Jeden, der das Seinige wohl gelernt hat, und der seine Geschicklichkeit und Fertigkeit nicht nur durch gültige Zeugnisse, sondern auch vielmehr durch abgelegte Proben beweisen kann, die Erlaubniß giebt, sein Handwerk *) zu treiben, und es Andern zu lehren, ohne daß er es zunftmäßig gelernt haben oder in eine Innung aufgenommen werden müsse; und wenn man dabei die Innungen und ihre Genossen derjenigen Abgaben entledigt, die sie ihrer zeitherigen Zwangsvorrechte halber entrichten mußten: so werden nach und nach Zünfte und Innungen von selbst aufhören; der Staat aber wird den Vortheil haben, daß er, durch die freiere Konkurrenz, mehr geschickte Handwerker bekommt, und daß der Bürger nicht von ungeschickten, aber zunftmäßigen Handwerksgenossen betrogen oder übertheuert werde. — Den Beweis, daß Jemand sein Handwerk gut und fertig zu treiben versteht, darf und muß die Policei fordern, weil sie dafür sorgen muß, daß den andern Unterthanen gute Arbeit geliefert werde.

Weil Brod, Fleisch und Bier in Städten unentbehrliche Bedürfnisse sind, und doch von den Bürgern, wenigstens von der Mehrzahl, nicht selbst gebacken, geschlachtet, gebrauet werden kann, sondern von eigends dem Geschäft sich widmenden

*) Handel und Kunst sind ihrer Natur nach keinem Zunftzwang unterworfen.

Personen, den Bäckern (in manchen Gegenden auch den Müllern), Fleischern, Brauherren, dieses besorgt werden muß: so hat man diesen, mit Hinsicht auf die jedesmaligen Einkaufspreise der Früchte und des Viehes, Policeitaxen vorzuschreiben so sehr für nöthig geachtet, daß man es sogar für ein Haupterforderniß einer guten Policei angesehn hat, wenn diese Taxen richtig gemacht, und streng beobachtet werden. Noch hat man aber kein richtiges, allgemein anwendbares, Princip der Brodtaxe auffinden können, da das Korn in manchen Gegenden und zu manchen Zeiten mehr oder weniger Mehl giebt; und bei dem Bierpreise hat man freilich auf das Hauptingredienz, die Gerste, hauptsächlich Rücksicht genommen; wiewol Holz und Hopfen zuweilen, bei enormer Theurung dieser Artikel, auch mit berücksichtigt werden müssen. Ueberdem sind die Policeitaxen bald den Käufern zu hoch, bald den Verkäufern zu niedrig; und geben bald dem Volke zu gewaltsamen Aeußerungen ihrer Unzufriedenheit mit den Verkäufern, bald diesen dazu Anlaß, daß sie, unter dem Vorgeben, dabei nicht auskommen zu können, aufhören zu backen, zu schlachten, zu brauen. Man ist daher natürlich auf die Gedanken gekommen: ob nicht alle solche Policeitaxen aufzuheben und der Konkurrenz ganz allein die Regulirung der Preise zu überlassen sei! Und man hat, ganz der Theorie gemäß, in Hamburg das Experiment mit dem besten Erfolge gemacht. Auch ich halte die Konkurrenz für den besten Regulator der Preise; doch mit einigen Modifikationen. Wo keine Monopole des Brod- Bier- und Fleischverkaufs existiren, bedarf es außer der Konkurrenz der einheimischen Verkäufer nur noch die der auswärtigen; doch, daß diese in Hinsicht der Verkaufsabgaben den einheimischen gleichgesetzt werden. Eben das glaub' ich auch für große Städte, wie Hamburg, zu empfehlen, wenn schon darin gewisse Zünfte, der Bäcker, Fleischer, Brauer, das Monopol in Händen haben. Beide sind hierunter gleich. In diesen ist nicht so leicht, wegen der Menge der Verkäufer, eine Koalition zu besorgen, welche eine dem Publikum nachtheilige Anwendung ihres Monopols verursacht. Um aber auch diesem möglichen Uebel abzuhelfen, dient das von mir vorgeschlagne Mittel. Und eben dieses verhindert in solchen Städten, wo kein Monopol dem Gewerbe die Hände bindet, daß die Minderzahl derjenigen, welche vom Backen, Brauen und Schlachten leben, nicht durch

Uebereinkunft das Publikum übertheuren, und sich selbst ein schädliches Monopol erzwingen. In kleinen Städten, wo die Zahl der Brod- Bier- und Fleischverkäufer nur gering seyn kann, und doch die bestehenden Innungen und Monopole nicht gewaltsam aufgehoben werden können, ist eine auf richtigen Sätzen beruhende Policeitaxe nöthig; denn, sie der Konkurrenz der privilegirten Verkäufer zu überlassen, wäre hier eben nichts anders, als das Publikum der Gewinnsucht derselben Preis geben. Allein auch hier ist neben der Policeitaxe die, eintretenden Falls in Ausübung zu bringende, Bedrohung nöthig, daß, wenn die Bäcker rc. sich bei der Policeitaxe nicht beruhigen oder nicht backen rc. wollen, auswärtigen Bäckern rc. der Verkauf des Brods rc. gegen Entrichtung der städtischen Abgaben erlaubt werden solle. Auch dieses Mittel hat die Erfahrung bewährt; und es ist nichts anders, als eine nach den Umständen modificirte Konkurrenz, welche die Theorie empfiehlt.

§. 49.

VI. 4) Nur aus der ursprünglichen Verfassung der Städte, aus der in ihnen wohnenden stärkern Anzahl von Konsumenten, und aus der Idee, nach welcher man das Brauen und Mälzen für ein Gewerbe ansah, und von allen Gewerben die Dörfer ausgeschlossen wissen wollte, läßt es sich erklären, warum man das Bierbrauen und Malzmachen ausschlüßlich den Städten zugesichert, diesen auch noch hin und wieder sehr große Zwangsrechte über die Dörfer eingeräumet hat; da doch eben auf den Dörfern und in ihren Fluren Gerste und Hafer erbauet, auch Stroh und Holz gewonnen wird; Malz- und Brauhäuser so gut in Dörfern wie in Städten erbauet, Brauer und Mälzer so gut in jenen wie in diesen angestellt werden können. Es ist aber auch darum eben dieser städtische Nahrungszweig am meisten gesunken, und es ist kaum zu hoffen, daß er sich je wieder heben wird. Und ich glaube auch, daß hierunter gar kein Zwang Statt finden, sondern die Policei nur darauf sehen sollte, daß gute und gesunde Biere gebrauet werden. Geschieht dieses in Städten: so werden die zahlreichern Einwohner ihr Stadtbier den fremden Bieren ohnehin vorziehn, und die Bewohner der nahen Dörfer werden theils zur Marktzeit, theils sonst in die Stadt kommen. Geschieht jenes nicht: so haben sich es die Städte selbst beizumessen, wenn Bürger und Bauern dem bessern Dorfbier den Vorzug geben.

§. 44.

VI. 5) Die Schenkgerechtigkeit kann nur ein mißbräuchliches Vorrecht der Städte seyn, weil auf den Dörfern so gut, wie in den Städten Menschen nöthig sind, die sich damit eigends beschäftigen, allerhand Getränke in großen Quantitäten zu kaufen, um es in kleinen Portionen den Bürgern, und Bauern, und Durchreisenden mit einem mäßigen Gewinnst zu verkaufen. Auch die Art des Getränkes kann hier keinen Unterschied machen, weil in manchen Ländern der Wein die Stelle des deutschen Bieres vertritt, und Brandwein ein den Städtern und Dorfbewohnern gemeinschaftliches Getränk ist. Hierin also können die Städte keinen Vorzug haben: und die Policei hat nur die allgemeine Sicherheitsaufsicht zu führen. Eine doppelte Frage scheint dabei in Erwähnung zu kommen: ob nicht, zumal in Städten, die Schenkhäuser Policeiwegen auf eine gewisse Zahl zu beschränken, und der Sittenaufsicht besonders zu unterwerfen seyn möchten? Die letztere Frage bejahe ich unbedenklich, weil eben in den Schenkhäusern zur Trunkenheit, zu Zänkereien, und Schlägereien sich leicht Anlaß findet. Doch darf diese Policeiaufsicht sich weiter nicht erstrecken, als wir von der Sittenaufsicht im Allgemeinen oben gesagt haben. Wenn es zu groben Ausbrüchen der Unsittlichkeit kommt, dann tritt das richterliche Amt ein; jene Aufsicht aber soll nur dazu dienen, diese Ausbrüche zu verhüten. In eben der Hinsicht kann auch die Policei gewisse Stunden bestimmen, in welchen das Zusammenbleiben in den Schenken erlaubet wird. Allein diese Schenken selbst auf eine bestimmte Minderzahl zu beschränken, dazu finde ich überall keinen Grund, da eine solche Beschränkung vielmehr in ein Monopol ausartet, das einigen weniger Begünstigten zum Nachtheil der Andern und des Publikums ertheilt wird.

§. 46.

Man hat zeither sehr über den Verfall des städtischen Wohlstandes geklagt, und die Ursachen desselben theils in der Theurung der ersten Bedürfnisse und der rohen Materialien, welche der Städter zu seinem Gewerbe braucht, theils in der

Freiheit des Landmanns, seine ersten Produkte, besonders Wolle und Flachs, auch an andre, als an städtische Fabrikanten, verkaufen zu dürfen, theils darin gesucht, daß die ehemaligen Vorrechte der Städte nach und nach den Dörfern mit zu Theil worden sind. — Die erste Ursache ist temporair, und wird sich, wenigstens zum Theil, durch die Natur von selbst heben; zumal wenn man in Ansehung des Getreides und Holzes richtige Policeigrundsätze beobachtet. Um der zweiten und dritten Ursache abzuhelfen, hat man geglaubt, die Producenten zum Verkauf der rohen Materialien an die Städter unmittelbar oder mittelbar zwingen, und den Städten die ihnen nach und nach entzogenen Vorrechte wieder zueignen zu müssen. Daß ich dieser Meinung nicht beistimmen kann, bezeugen die von mir aufgestellten Grundsätze; und warum soll denn eine Klasse der Staatsbürger, welche noch dazu die Minderzahl ausmacht, vor der Mehrzahl begünstigt werden, ohne daß jene dieser dafür Ersatz leisten kann? — Und warum sucht man nicht die Ursache des Verfalls der Städte vielmehr in den ganz veränderten Umständen, Verhältnissen und Begriffen? Hätten die reichen Silberminen Amerika's nicht so viel Millionen nach

Europa geschickt, so wäre der äußere Werth des Geldes im Verhältniß zu den Produkten nicht so tief gesunken. Wären wir nicht so sehr an Kaffee und Thee gewöhnt, so würde mehr Bier getrunken werden. Würde nicht in so vielen großen Staaten die Einführung fremder Fabrik- und Manufakturwaaren verboten, und durch hohe Imposte erschwert, so würden unsre Industrieprodukte nicht den ehemaligen starken Absatz verloren haben. Herrschte nicht jetzt die allgewaltige Mode so unumschränkt, wechselte sie nicht so oft und so schnell, so würden die vor zehn oder sechs Jahren gefertigten Waaren jetzt noch gesucht werden. Nach dem Zeitgeist muß sich ein Jeder richten; folglich auch die Städte und die städtischen Fabrikanten; denn sie können es nicht erwarten, noch erzwingen, daß sich der Zeitgeist nach ihnen richten soll. Wenn sie aber sich nach ihm bequemen, so wird Freiheit der Gewerbe und des Handels durch Konkurrenz, bei minder hohen Fruchtpreißen, auch ihnen nach und nach den vorigen Wohlstand wiedergeben, ohne daß sie es auf Kosten der Dorfbewohner, welche immer die erste Klasse der Staatsbürger ausmachen, zu erzwingen brauchen.

§. 47.

Außer den nützlichen Gewerben, welche eigentlich den Wohlstand der Städte begründen, sind aber auch von der Policei diejenigen Gegenstände zu berücksichtigen, welche ihre äußere Zierde befördern; denn sie zeugen von innerem Wohlstande, sie verstärken das dem Menschen zu seiner Kultur so nöthige Gefühl für Schönheit und Ordnung, und sie machen es, daß man gern in solchen Orten lebt. *) Dahin gehören gutgepflasterte und unterhaltene Straßen, nächtliche Erleuchtung, öffentliche Spaziergänge, gesittete Versammlungsplätze, wo der Gebildete Nahrung für Geist und Geschmack, und ein Jeder anständige Erholung findet u. dergl. Bei allen diesen setze ich voraus, daß über ihnen nicht der innere, wahre Wohlstand vernachlässigt wird, und daß ihre Einrichtung und Unterhaltung, wenn sie nicht aus dem Stadtärarium, ohne den mindesten Nachtheil oder Beschwerde, bestritten werden kann, auf dem guten Willen der Mehrzahl, oder auf freiwilligen Beiträgen beruhen muß.

*) Für Ruhe und Ordnung sorgt die Sittenpolicei.

§. 48.

VII. Ueber den Wohlstand der Dörfer insbesondre werde ich nur wenig zu sagen haben, da diese Materie in den vorhergehenden Paragraphen bereits mit abgehandelt worden ist. Man hat zum scheinbaren Vortheil des Ackerbaues die Bauernsöhne von andern Gewerben und Lebensarten hier und da dadurch abzuhalten gesucht, daß man ihre Aufnahme in Handwerken, oder auf gelehrte Schulen erschweret, und der landesfürstlichen Dispensation vorbehalten; oder es ihnen zur Pflicht gemacht hat, gewisse Jahre erst den Feldbau zu treiben; ferner, daß man die Bauerngrundstücke an Andere, die nicht Bauern sind, zu verkaufen verboten, wenigstens den Bauern den Vorkauf gestattet hat. Die Absicht war gut gemeint; aber der Erfolg besteht blos in Dispensationsgebühren. Alle solche Maßregeln streiten mit der Freiheit des Menschen im Denken und Handeln. Es werden ohnehin die meisten Bauernsöhne, aus Gewohnheit nnd Nachahmung, sich dem väterlichen Feldbau widmen; wenn dieser gedeiht und einträglich ist, wird es nur wenigen einfallen, eine andre Lebensart zu erwählen. Wer sie aber zu ergreifen

Trieb, Lust, Kraft, Gelegenheit, Vermögen hat: warum soll und wie darf man ihn daran hindern? So bleiben auch die Bauergrundstücke, fast überall und allemal ohne Zwang, in den Händen der Bauern; wenn nun aber ein Andrer eines zu kaufen und zu bauen Lust bekommt: warum soll er es nicht thun dürfen? Kann er nicht vielleicht seine theoretische Kenntniß und Einsicht überhaupt zum bessern Betrieb des Feldbaues benutzen, und dadurch seinen Mitnachbarn wesentliche Vortheile noch für künftige Generationen verschaffen? So ist man auch auf die Gedanken gekommen, die Brandtweinbrennereien von den Dörfern zu verbannen, oder doch zu beschränken; sowol um der Moralität willen, als in der Meinung, daß durch sie hauptsächlich die Theurung der Brodtfrucht verursacht worden sei. Ich wünschte selbst, daß dem Brandtwein trinken Einhalt geschehen könnte, weil dessen übermäßiger Genuß für Gesundheit und Sittlichkeit nachtheilig ist; und in manchen Gegenden gewiß eben so viel Frucht im Brandtwein, als im Brodt, genossen wird. Aber ich sehe dazu kein ausführbares Mittel vor mir, als die successive Entwöhnung der Menschen durch Erziehung, Belehrung, Sittenaufsicht, Beispiel, und Angewöhnung an heilsamere, kräftige Getränke, besonders an gutes Bier. Aber Brandtwein zu brennen ist der Produktion des Getreides gewiß sehr vortheilhaft. Denn eben durch diese Fabrikation wird weit mehr und schneller, als durch Brauerei, Vieh gemästet; und dadurch die Düngung, worauf der ganze Feldbau beruht, mithin die Produktion selbst augenscheinlich vermehrt. Darum aber darf eben auf dem platten Lande das Brandtweinbrennen am wenigsten verboten werden.

Wenn der Wohlstand der Dörfer hauptsächlich auf Feldbau, Wiesewachs und Viehzucht beruhet, und wenn der Landmann hierunter allenthalben keinem Zwang unterliegt, sondern nur durch Belehrung, Belobung, Prämien, Beispiel, hauptsächlich aber durch sichern, freien und guten Absatz seiner Produkte zur Verbesserung der Kultur ermuntert wird; wenn er durch eben diese Mittel Anleitung nnd Aufmunterung bekommt, Obst, Wein, Tobak, u. dergl. an dazu tauglichen Plätzen, und dem Kornbau unbeschadet, zu produciren; wenn ihm die eigne Verarbeitung seiner rohen Produkte nicht untersagt oder erschwert, und er durch keine Privilegien und Monopolien andrer Unterthanen gedrückt, durch kein Zwangsgesetz beschränkt wird; dann wird sein äußerer Wohlstand von selbst gedeihen.

§. 49.

Nun fragt sich noch: Kann und soll man nicht für die Kultur des Geistes und der Sitten des Bauern mehr thun, als bisher geschehen ist? und was kann und soll deshalb die Policei, außer dem, was sie durch Erziehungs- und Unterrichtsanstalten und durch Sittenaufsicht leistet, noch sonst für Vorkehrungen treffen? Mir sind nur zwei Mittel bekannt, durch welche die Policei ganz eigends auf das Landvolk zur Erreichung jener Absicht wirken kann. Das eine besteht darin, daß das Wenige, was der Bauer zu lesen bekommt, zweckmäßig eingerichtet; das andre, daß in jedem Dorfe, wo möglich, eine gute Dorfordnung gemacht und gehandhabt werde. Dem Landmanne ist eine Büchersammlung, wäre sie auch nur zwanzig Bände stark, nichts nütze. Sein eigentliches Geschäft wird darunter leiden; er wird sogar seine Bestimmung verfehlen. Denn er hat weder Kraft noch Zeit, weder Vorkenntniß noch Beruf zum Lesen; und wenn man ihn mit Büchern aufklären will, wird er leicht eingebildet auf sein vermeintliches Mehrwissen; und doch kann er nur bis auf einen sehr geringen Grad durch Lesen aufgeklärt und gebildet werden. Diejenigen unter ihnen, welche dazu Trieb, Kraft und Zeit haben, werden von selbst den Weg zu den Büchern finden, ohne daß in den Bauernstuben Büchersammlungen aufgestellt dastehn. Ich beschränke daher die ganze Leserei des Landmanns, im Allgemeinen, auf seinen Katechismus, sein Gesangbuch, seine Bibel (oder einen Bibelauszug), seinen Kalender, ein Historienbuch, eine kleine Liedersammlung der geselligen Freude, eine Volkszeitung, höchstens noch ein Noth= und Hülfsbüchlein, und einen Volkscodex. Die beiden letztern brauchen vors Erste nur in den Händen der klügern Bauern, der Vorsteher und Gerichtspersonen zu seyn, bis es die andern auch der Mühe werth finden, sich daraus zu unterrichten. Hier ist nun die Pflicht der Policei, einmal diese Bücher so abfassen zu lassen, daß der Landmann daraus wirklich über Alles das, was ihm eben zu wissen nöthig und nützlich ist, in einer ihm verständlichen und angenehmen Sprache, und in einer ihm annehmlichen äußern Form belehrt werde; dann ihm diese Bücher nicht mit Befehl und Zwang aufzudringen — dadurch werden sie ihm nur verhaßt — sondern sie ihm unvermerkt in die Hände zu liefern, so daß er sie sich freiwillig anschafft, und mehr lieb gewinnt. Man hat schon hier und da diese Idee zu realisiren angefangen; man muß sich aber noch mehr nach dem herrschenden Volksgeist bequemen, und, besonders im Anfange, die äußere Form der bisherigen Bücher beibehalten, um den Bauer für die gute Sache zu gewinnen. So würde ihm ein Bibelauszug, unter dieser Benennung, anstößig seyn; aber ein Evangelien-, ein Psalm-, ein biblisches Historienbuch im alten Druck und Format wird er sich gern kaufen, und das kann zusammengenommen den besten Bibelauszug enthalten. So mögen auch im Kalender die alten Zeichen und Charaktere immer stehen bleiben, wenn nur dem Landmanne nützliche Sachen den Raum einnehmen, der zeither mit unnützen, ja oft schädlichen Dingen angefüllt war. Ich halte diese Sache für den wahren Wohlstand und für die wahre Kultur des Landvolks für sehr wichtig, aber auch mit Vorsicht und Klugheit für ausführbar.

§. 50.

Dorfordnungen sind das zweite Mittel zu dem angegebenen Zweck. Hierunter verstehe ich aber keine eigentlichen Gesetze, keine obrigkeitlichen Ge- und Verbote; sondern eine freiwillige Uebereinkunft der Gemeinde, wenigstens der Mehrzahl der Dorfbewohner, wie sie zur Beförderung ihres Wohlstandes die allgemeinen Vorschriften der Dorfpolicei, und ihre väterlichen Belehrungen ausüben und benutzen wollen. Es ist die Dorfordnung, so zu sagen, ein policeiliches Lokalstatut, welches freilich von einem Manne, der das Lokal kennt, und der Sache gewachsen ist, abgefaßt, dann mit den einsichtigern und bessern Einwohnern erwogen, und wenn von diesen Alles gebilligt, oder Manches hier und da geändert worden ist, der ganzen Kommun vorgetragen, nach erfolgter Genehmigung der Mehrheit, wozu ich in diesem Fall drei Viertheile rechne, als ein Lokalstatut aufgenommen, aber auch von der Obrigkeit gutgeheißen wird. So gewiß ein Jeder dasjenige ohne Zwang befolgt, was er sich selbst geboten hat, oder geboten zu haben glaubt: so gewiß werden auch in dieser Form die Vorschriften und Rathschläge der Policei von den Dorfbewohnern, als der Ausdruck ihres eignen Willens, am leichtesten befolgt werden. Es darf aber in solchen Ordnungen kein Theil der Gemeinde vor dem andern begünstigt oder beschwert, sondern das allgemeine Beste aller Individuen muß ganz allein berücksichtigt werden; denn sonst kann man es nicht als den Ausdruck des allgemeinen Willens anerkennen, noch dessen freiwillige Befolgung erwarten. Es darf aber auch ein solches Lokalstatut nicht auf immerwährende Zeiten gelten; sondern so wie sich die Lokal- und Zeitumstände ändern, muß es auf dieselbe Art, auf die es gemacht wurde, revidirt, und nach Befinden abgeändert werden. — **In den Händen der Landespolicei ist** das kräftige Mittel der Belobung und Belohnung mit Geld, Gunst und Ehre derjenigen Gemeinden, die sich in Einführung und Befolgung guter Dorfordnungen sowol, als in der Aufnahme zweckmäßiger Lesebücher auszeichnen; dann aber auch derjenigen, welche solche Bücher und Ordnungen liefern, und sie dem Publikum annehmlich zu machen wissen.

§. 51.

Wenn ich hiermit den kurzen Abriß der Materie der Policei beschließe: so wird man sich wundern, daß ich manche einzelne Gegenstände gar nicht berührt habe, welche in den meisten Ländern für wesentliche und wichtige Gegenstände der

Policei gehalten, und worüber viele und weitläuftige Gesetze gegeben worden sind. Ich muß mich daher näher darüber erklären.

a) Kleider = Hochzeit = Kindtauf = Trauer-Ordnungen wurden besonders in den Zeiten unsrer Voreltern als wesentliche Theile einer guten Policei betrachtet. Daß sie es nicht sind, hat der Erfolg längst bestätigt. Denn sie sind entweder unausführbar, oder, wo sie streng gehandhabt werden, da erzeugen sie nur Denunciationen und Strafen, ohne dem Luxus selbst, dem sie vorbeugen wollen, abzuhelfen. Sie stören aber auch den ruhigen Bürger in seinem häuslichen Leben, und in dem unschädlichen Gebrauch seiner Freiheit, darum sind sie den ersten Grundsätzen der Policei entgegen. Ferner beschränken sie gemeiniglich nur einen Theil, und zwar den volkreichsten und nützlichsten Theil der Staatsbürger, und begünstigen die vornehmere Klasse. Endlich geben sie nur Anlaß, darauf zu sinnen, wie man das Gesetz umgehen will. Unfehlbar hat man daher auch in den neuern Zeiten dergleichen Gesetze weiter nicht gegeben, noch erneuert; man hat es vielmehr der stillen Uebereinkunft der Unterthanen selbst überlassen, sich hierunter Gesetze zu geben, die, als der Ausdruck ihres

Willens, gern befolgt worden sind; wie wir dieß in vielen Orten und Ländern bei der Trauer beobachtet sehen.

§. 52.

b) Gesindeordnungen hat man aber darum noch nicht aufgegeben; und überhaupt seit etwa vierzig Jahren die Verbesserung des Gesindewesens zum Gegenstande des allgemeinen Nachdenkens gemacht. Wenn man die Gesindeordnungen genau betrachtet, wird man gemeiniglich mehrere, ganz heterogene, Materien in ihnen vereinigt finden; Materien, die ins bürgerliche Recht, in die Lehre vom Miethkontrakt, von hausherrlicher Gewalt, gehören; Materien des peinlichen Rechts, z. B. vom diebischen Gesinde; Materien, die blos auf freier Uebereinkunft der Kontrahenten beruhn, und an sich keinem Zwange des Gesetzes unterworfen sind; von der Miethzeit, dem Lohne, dem Miethgeld u. dgl.; endlich Materien, die sich näher an die Policei anschließen, von den Zeugnissen, dem Aufliegen der Dienstbothen u. dgl. Bedarf es aber hier einer Policeiordnung, und haben die Gesindeordnungen die Verbesserung der Dienstbothen bewirkt? Noch nie sind die Klagen über schlechtes

Gesinde lauter und allgemeiner gewesen, als eben jetzt, wo wir an Gesetzen, Büchern und Aufsätzen darüber einen Ueberfluß haben. Ich kann mich daher gar nicht für eigne Gesindeordnungen erklären. Ueber den Miethkontrakt und über die hausherrliche Gewalt verordne man das Nöthige im bürgerlichen, über die Verbrechen des Gesindes und der Dienstherrschaft im peinlichen Gesetzbuch; was auf beider Theile Uebereinkunft beruht, überlasse man der Freiheit der Kontrahenten, welche ohnehin die Bestimmungen der Gesindeordnungen in diesem Punkte nie beobachtet haben; den Herrschaften stelle man es frei, ob sie neues Gesinde mit oder ohne Zeugnisse miethen wollen; der Sittenpolicei gebe man Auftrag, auf das gegenseitige Verhalten der Herrschaften und Dienstbothen in ihrem Bezirke mit Aufsicht zu führen; aufliegendes, liederliches, untreues Gesinde werde gleich andern Menschen derselben Gattung behandelt; man zeichne aber auch verdientes Gesinde, das sich durch treue Dienste mehrerer Jahre dessen würdig gemacht hat, durch Ehrenbezeugungen, Ausstattung, Prämien, Pensionen rc. vorzüglich aus; und sorge in Anstalten für arme kranke auch für arme alte Dienstbothen; die Herrschaft gehe mit einem edeln und durchaus gerechten Betragen, und mit einem sittlich guten Beispiel dem Gesinde vor: man sorge in öffentlichen Anstalten für beßre Belehrung und Angewöhnung der Jugend; so wird sich diese Klasse von selbst bilden, ohne daß die Policei darüber Gesetze zu geben braucht, welche fast eben so bald wieder vergessen wurden als sie gegeben waren, und nur von hartherzigen Herrschaften, eigennützigen Richtern, oder animösen Denuncianten nachgeschlagen und zur Beschönigung ihrer Denunciation gemißbraucht werden.

§. 53.

c) Um dem Verarmen durchs Spiel und der Verführung unerfahrner Jünglinge zum Spiel Einhalt zu thun, hat man in alten und neuen Zeiten mannichfache Policeigesetze gegeben; in jenen wohl gar den Bauern und gemeinen Bürgern vorschreiben wollen, was sie spielen und wie viel sie auf einmal oder in einem gewissen Zeitraume verlieren dürfen? in diesen hauptsächlich die Hazardspiele bei großen Strafen verboten, und die öffentlichen Häuser deshalb besondrer Aufsicht unterworfen. Der Zweck ist unerreicht geblieben. Denn, wenn es auch möglich wäre, aus den öffentlichen Häusern die Hazardspiele mit Gewalt zu verbannen; wie ist es in Privathäusern möglich, wenn man nicht die Policei zu einem spanischen Ketzergericht umschaffen will? und wird nicht alsdenn das heimliche Spiel in Privatstuben weit gefährlicher, als wenn es öffentlich unter den Augen des Publikums getrieben wird? Ferner, sind denn nicht andre erlaubte hohe Spiele für den Beutel gefährlicher, als manche Glücksspiele, von denen man, wenn man die bestimmte Summe verloren hat, zurücktreten kann, da man bei jenen ausdauern muß, bis die Parthie geendigt ist? Endlich, wie viel Wege stehen dem nicht offen, der das Gesetz umgehen will? — So wenig ein Staat, der auf Sittlichkeit und Wohlstand seiner Unterthanen Rücksicht nimmt, Farobanken privilegiren oder gar verpachten darf: so wenig mag er doch auch die Unterthanen in dem an sich erlaubten Vergnügen des Spiels beschränken; zumal da der Zwang nur die Begierde reizt, und die Vollstreckung des Gesetzes, ohne starke Eingriffe in die persönliche Freiheit und in die Heiligkeit des Innern des Hauses, nicht ausführbar ist. Betrügereien im Spiele aller Art werden, gleich jedem andern Betrug, im peinlichen Gesetzbuch verboten und streng geahndet; und wenn das Spiel überhaupt keinem Policeigesetz unterliegt, dann werden auch jene Betrügereien, die jetzt im Finstern umherschleichen, und nicht einmal angezeigt werden können, wenn der Denunciant sich nicht selbst als Uebertreter des Spielverbotes anklagen will, weit leichter und öfter zur Sprache kommen. Die Policeiaufsicht der Sitten warne und vermahne diejenigen, welche sich dem Spiele unmäßig ergeben, und von denen man wahrscheinlich besorgen muß, daß sie durchs Spiel aus eigner Schuld verarmen, oder sonst in die Hände der Liederlichen und Taugenichtse herabsinken mögen. Spieler vom Handwerke können zwar so wenig als bloße Müßiggänger, so lange jene nicht Betrüger, diese nicht Diebe oder Vagabonden werden, in die Hände des Gerichts fallen, sie haben aber durch das Gewerbe, das sie treiben, ihre äußere Ehre beflecket, und mögen daher als solche vom Publikum betrachtet und vom Staate behandelt werden. Jenes wird vorzüglich dann geschehen, wenn man in den Schulen das Ehrlose einer solchen Lebensart der Jugend, zumal den gebildeteren Ständen, einleuchtend macht, welches unstreitig mächtiger und sichrer wirkt, als Gesetze und Strafen. — Es ist nichts gefährlicher für den Staat, als Gesetze geben, die entweder gar nicht oder nur mit Verletzung der dem Staat heiligen Freiheit und Sicherheit des häuslichen Lebens exekutirt werden können. Am gefährlichsten ist es bei Policeigesetzen, welche ohnehin sich mehr als alle andre in das stille Privatleben des Bürgers einmischen, und daher eine desto behutsamere Auswahl erfordern, damit nicht mit Hintansetzung eines solchen unausführbaren Policeigesetzes das ganze Policeigesetzbuch sein Ansehn verliere.

§. 54.

d) Mit dem Glücksspiel sind Lottos und Lotterien genau verwandt, besonders Lottos, welche fast noch mehr Reiz, aber auch noch mehr Unsicherheit und Gefahr als Glücksspiele haben. Keine aufgeklärte Regierung wird Lottos anlegen oder privilegiren; darüber ist man einverstanden; wenn schon hier und da selbst in aufgeklärten Staaten unter dem Vorwande politischer Nothwendigkeit Lottos noch geduldet werden. Aber Lotterien findet man fast in allen Ländern; und sie sind auch darum minder gefährlich, weil ihr Reiz und der wahrscheinliche Verlust nicht so beträchtlich ist, als bei den Lottos.

Am inkonsequentesten handeln wohl diejenigen Regierungen, welche selbst Lottos und Lotterien anlegen und privilegiren, aber auswärtigen den Eingang ins Inland nur dann verstatten, wenn sie sich die Erlaubniß dazu erkauft oder sonst zu erwerben gewußt haben. Doch das gehört zur Politik, nicht zur Policei. — Wir haben hier nur die Frage zu beantworten: Ist der Staat verbunden, oder wenigstens befugt, den Unterthanen von Policeiwegen zu verbieten, in auswärtige Lottos oder Lotterien zu legen, und Kollektionen für selbige zu besorgen? Es lassen sich, wie ich glaube, nur zwei Ursachen denken, warum der Staat dazu berechtigt sei? Die eine, politische, daß nicht so viel Geld aus dem Lande exportirt werde; die andre, policeiliche, daß die Unterthanen von dieser Art des Spiels, welche so oft Verarmung und Liederlichkeit mit ihren traurigen Folgen nach sich gezogen hat, abgehalten werden. Warum läßt man aber Millionen für Kaffee und Zucker jährlich exportiren, von denen doch, nachdem die Waare konsumirt ist, nicht ein Thaler im Lande zurückbleibt, da hingegen ein nicht unbeträchtlicher Theil des für Lotterien und für Lottos ausgegangenen Geldes durch die Gewinne und Kollektionsgebühren zurückkommt? Und wer hat den Staat berechtigt, es dem Bürger zu verbieten, daß er auf eine an sich erlaubte Art einige Thaler ausgebe, und mit diesem Aufwand sich den Genuß der Hoffnung erkaufe, oder daß er sich mit einem, an sich nicht unrechtlichen Kommissionsgeschäfte befasse? Ich glaube daher, daß man hierüber so wenig als über das Spielen Policeigesetze geben sollte; man belehre vielmehr die Menschen über die Natur dieser Dinge, und über den höchstwahrscheinlichen Verlust, den man besonders beim Lotto, aber auch, obwol in geringerer Proportion, bei den Lotterien leiden muß; und wenn man innerhalb des Staatsbezirks Lotterien (denn von Lottos kann hier die Rede nicht seyn,) haben will; so richte man sie so ein, daß der Vortheil für die Kasse, und folglich der wahrscheinliche Nachtheil für die Interessenten gering sei. — Werden aber Lottos oder Lotterien im Auslande oder Inlande angekündigt, die auf Betrug berechnet sind: so vollstrecke man an den inländischen Unternehmern, die auf Betrug oder auf dessen Versuch im peinlichen Gesetzbuch angedrohten Strafen; und die ausländischen stemple man da, wo man besorgen muß, daß sie Eingang finden mögen, mit dem deutlich aufgedrückten

Stempel des Betrugs, so daß sich Jeder davor, wie vor Raub und Diebstahl, fürchte.

§. 55.

e) Auch der Wuchergesetze habe ich nirgends erwähnt, da sie doch gemeiniglich einen wichtigen Theil der Policeigesetze ausmachen. Vom wucherlichen Aufkauf des Getreides und der Viktualien rede ich hier nicht, da ich mich über diesen Gegenstand schon in dem Paragraphen über Getreidepolicei und anderwärts erklärt habe. Es ist hier vom eigentlichen Wucher, der bei Anleihen entsteht, die Rede. Ist man denn aber schon darüber einverstanden, was nun eigentlich Wucher sei? Hielt man doch lange Zeit ein Darlehn auf Zinsen für strafbaren Wucher, und gab daher zur Erfindung wiederkäuflicher Zinsen Anlaß; und jetzt sind die Kapitalzinsen eine ganz gemeine, erlaubte, rechtmäßige Sache. Und hält man nicht noch jetzt in dem einen Lande sieben oder zehn Procent Zinsen für übermäßig und strafbar, da sie doch in dem andern Lande üblich und rechtmäßig sind? Ist es denn nicht billig, daß bei kleinen Anleihen, zumal wenn sie nur auf Wochen und Monate gesucht werden, ein höherer Zins gegeben wird, als bei großen Kapitalien, die Jahre lang unaufgekündigt stehen bleiben? Ist es nicht auch wenigstens tolerabel, daß ein ungewisser Bezahler höhere Zinsen verspricht, als ein sichrer Mann? Hat man nicht eben darum in denselben Ländern, wo man bei Hypotheken und Handschriften nur fünf Procent gestattete, sechs Procent bei Wechseln nachgelassen? Und was hat endlich der Anatocismus für Unrechtmäßiges oder Unsittliches in sich? Muß ich nicht das Anlehn, das ich, um einen Intereßrückstand zu tilgen, bei einem dritten erborge, diesem auch verzinsen? Warum nicht auch dem Darleiher des Hauptstammes selbst? Wie ich daher den Anatocismus unter die strafbaren Handlungen nicht rechnen mag: so finde ich auch in mehrern Zinsen keinen Wucher, am wenigsten darüber ein Policeigesetz für nöthig. Will man ja den Zinsfuß nicht ganz allein der Konkurrenz und der Uebereinkunft der Kontrahenten überlassen; so verordne man allenfalls im bürgerlichen Gesetz vom Darlehnskontrakt, daß, wenn ein Schuldner eines großen Kapitals über zwei Procent, und ein Schuldner eines kleinern von funfzig Thalern und drunter über drei Procent das landüblichen Zinsfußes an Interessen gegeben hat, es ihm freistehn und vom Civilrichter darauf erkannt werden soll, das zuviel gegebene vom Kapital zu kürzen. Uud so würde auch im Civilgesetzbuch der Fall zu entscheiden seyn, wenn der Schuldner gleich beim Empfang des Anlehns die Zinsen habe vorausbezahlen müssen. Denn da der Schuldner gerade so viel weniger baar bekommen hat, als der abgezogene Zins betrug: so ists auch rechtlich, daß das Kapital um eben so viel vermindert werde. Dieß vorausgesetzt, bleiben nur noch drei Fälle übrig: der eine, wenn der Schuldner mehr an Kapital empfangen zu haben, auf des Darleihers Verlangen, in der Handschrift bekennet, als er wirklich bekommen hat. Dieß ist ein vorsätzlicher Betrug, dessen der Darleiher sich schuldig gemacht hat, und weshalb er, als ein Betrüger, nach dem peinlichen Gesetz bestraft werden muß. Der zweite, wenn der Schuldner statt baaren Geldes Waare bekommen hat. Sind diese Waaren nach dem damaligen Kaufwerth so viel werth gewesen, als sie der Darleiher dem Schuldner angerechnet hat, oder betrug die Differenz nur wenig: so war es eine Uebereinkunft beider Kontrahenten, in die sich der Richter nicht zu mischen hat. Waren aber die Waaren von bedeutend geringerm Werth: so ist es eben so, als wenn der Darleiher weniger an baarem Gelde gegeben hätte, als die Handschrift besagt; und dann ist er als ein Betrüger zu bestrafen. Der dritte, wenn der Darleiher, daß das Pfand, wenn es binnen einer gewissen Zeit nicht wieder eingelöset werde, ihm verfallen seyn soll, verlangt, und der Schuldner es versprochen hat. Die Nullität dieses Vertrags gebieten schon unsere Civilgesetze; warum soll sich also die Policei einmischen? Ich kann daher durchaus keine Nothwendigkeit finden, warum eben die Policei Wucherverbote geben soll? Wiewol ich für große Staaten und für volkreiche Städte die Errichtung von Zettelbänken und Leihhäusern für nützlich halte, und diese Policeianstalt den Regierungen auch darum empfohlen zu wissen wünsche, damit jene Betrügereien und Uebersetzungen der eigennützigen Darleiher seltner werden mögen.

§. 56.

f) Ueber Censur und Preßfreiheit habe ich schon vor zehn Jahren meine Gedanken und Vorschläge dem Publikum mitgetheilt; und ich habe noch keinen Grund gefunden, meine Meinung zurückzunehmen. Nach dieser hat sich die Policei weiter nicht darein zu mischen, als in so weit ich ihr oben §. 14 bei der Aufsicht auf die Sitten das Recht zur Verwehrung gewisser sittenverderblicher Schriften eingeräumet habe. Beleidigungen, die in öffentlichen Schriften der Staat, die Obrigkeit, die Staatsbedienten und die Bürger bekommen, gehören für das peinliche Gericht. Nur die in gänzlich anonymischen oder pseudonymischen Schriften enthaltnen Injurien und Lästerungen, da sie vom peinlichen Gericht nicht bestraft werden können, machen eine Ausnahme nöthig, so daß die Policei ihren Verkauf zu verbieten berechtigt ist. Im übrigen hat sich die Policei darein nicht zu mischen, wenn sie nicht, unter dem Vorwande Böses zu verhüten, ein weit größeres Gut, Aufklärung und bürgerliche Freiheit, hindern und stören will. So habe ich auch im §. 14. über die Befugnisse der Sittenpolicei in Ansehung der öffentlichen und geheimen Gesellschaften im Staate meine Meinung gesagt, nach welcher es außerdem eines besondern Policeigesetzes nicht bedarf.

§. 57.

Und hiermit glaub' ich den Umriß des Gebietes der Policei schließen zu können. Manchen wird er zu weit umfassend, mehrern zu enge scheinen Ich habe dabei nach den von mir festgestellten Grundsätzen und nach meiner jetzigen Ueberzeugung gehandelt. Ueberhaupt aber kann ich die allgemeine Bemerkung nicht unterdrücken, daß jetzt die meisten kultivirten Länder nicht am Mangel guter Gesetze, sondern an dem Ueberfluß derselben leiden, und daran wirklich krank liegen. Mit der Kultur im Allgemeinen steigt auch die Kultur der Gesetzgebung; aber mit der Zahl und Ausführlichkeit der Gesetze steigt auch die Lust des Unterthanen, das Gesetz zu umgehen und es zu seinem Vortheil auszulegen. Dieser glaubt man mit neuen Gesetzen begegnen zu müssen. Und so entstehen die ungeheuren Gesetzbücher und Sammlungen, an denen zuweilen selbst ein Rechtsgelehrter ein halbes Leben hindurch zu lernen und zu studieren hat. Ich kann nicht leugnen, daß ich dieß für eine Krankheit unsrer Staatsverfassungen halte; in jedem Fache, vorzüglich aber im peinlichen Rechte und in der Policei, wünschte ich kurze, deutliche, bestimmte Gesetzbücher, denen von Zeit zu Zeit eben so kurz abgefaßte Decisionen und Erläuterungen folgen könnten. Staaten, die wegen ihrer Gesetzgebung schon seit Jahrhunderten berühmt sind, leiden eben darum an diesem Gebrechen vorzüglich: und namentlich ihre Policeigesetze sind zwar als Denkmäler des Luxus, der Kultur, der Sitten und der Denkart der Menschen in verschiedenen Perioden merkwürdig, aber als gesetzliche Vorschriften minder brauchbar. Wo die meisten und ausführlichsten Policeigesetze sind, da ist gemeiniglich die schlechteste Policei; und es kann auch fast nicht anders seyn. Wenig gute, deutliche, bestimmte, dem Menschenverstande einleuchtende, und den menschlichen Willen nicht hart beschränkende Gesetze können befolgt werden; und da doch die Intention des Gesetzgebers seyn muß, daß die Gesetze gern und willig befolgt werden: so muß er auch, der Absicht gemäß, seinen Codex umformen. Endlich ist es in irgend einem Fache wahr: so ist es gewiß in dem der Policei

Plus valent boni mores, quam bonae leges.

§. 58.

Um die Policeigesetze, d. h. Gebote und Verbote, wirksam zu machen, muß man, wie natürlich, Strafen verordnen, die den Uebertretungen angemessen, leicht und ohne Nachlaß zu vollstrecken sind. Denn das halte ich bei allen Strafen, auch den peinlichen, für nöthig, daß sie unnachläßlich vollstreckt werden können und müssen, weil sonst das einzelne Gesetz nicht nur, sondern auch das Gesetz überhaupt viel von seiner Kraft verliert. Allein, um Policeianstalten geltend zu machen, muß man sie an gewisse bürgerliche Vortheile oder Nachtheile anknüpfen, und so den menschlichen Egoismus mit ins Spiel bringen; damit der Mensch, um seines eignen Besten willen, den Vorschlag der Regierung desto williger annehme. Denn dahin sind unsre Nationen (kaum vielleicht einige Individuen) noch nicht gediehen, daß sie das Gute darum, weil es gut ist, wollen, oder auch daß sie den Willen der Regierung oder der Weisern im Volke als ihren eignen Willen anerkennen, und darum unbedingt befolgen sollten.

§. 59.

Da Sittlichkeit die höchste Tendenz der Policei ist, so muß sie auch bei allen ihren Strafen die Herstellung, Erhaltung und Beförderung der Sittlichkeit mit beabsichtigen. Hierdurch unterscheiden sich auch die peinlichen von den Policeigesetzen. Jene haben Sicherstellung des Staats und seiner Bürger vor absichtlichen Verletzungen durch psychologischen Zwang zur Absicht; und können daher alle diesem Zweck entsprechende Strafen, selbst Todesstrafen, wenn sie zweckmäßig sind, verordnen, erkennen, vollstrecken. Die Besserung des Verbrechers ist in der peinlichen Justiz nur Nebenabsicht, in so fern sie mit jenem ersten Zweck nicht streitet. Aber die Policei muß beide Zwecke zugleich und neben einander im Auge haben. Und sie kann es auch, da das höchste Policeivergehn entweder eine unvorsätzliche Störung der Sicherheit, welche im höchsten Grade verschuldeter Todtschlag ist, oder in Gefährdung der Sicherheit durch unsittliche Handlungen besteht. Besserungs- (Zwangsarbeits-) Häuser, worin diejenigen, welche sich einer Policeivergehung schuldig gemacht haben, auf kürzere oder längere Zeit aufbehalten, und zu einer ihren Kräften angemeßnen Arbeit angehalten werden, sind die höchste Strafe der Policei. Wie sie einzurichten sind, um den intendirten Zweck zu erreichen, darüber lese man Graf Rumfords kleine Schriften; und, wenn den öffentlichen Nachrichten zu trauen ist, so soll das Zwangsarbeitshaus in Copenhagen in dieser Hinsicht eine Musteranstalt seyn. Die unterste Policeistrafe ist geheimer Vorwurf, dann öffentlicher Verweis; hierauf werden, nach Verhältniß, bald Geldbusen mit oder ohne Verweis, bald versagte Beförderung zu Ehren und Würden in der Gemeinde, bald auch wohl kürzere Entbehrung der Freiheit, doch mit aufgegebner Arbeit, folgen. Die Abmessung dieser Strafen, nach den Graden der Vergehung und der Schuld, gehört für die Gesetzgebung, und ihre Anordnung nach dem Grade der Moralität für den erkennenden, und ihre Ausführung zur Beförderung der Sittlichkeit für den vollstreckenden Richter. In einem einzigen Falle glaube ich, daß auch Verbannung Policeistrafe seyn mag; wenn nämlich der Unterthan Mitglied einer Gesellschaft ist, deren Zweck dem besondern Zweck dieses Staates widerspricht, und er jener verbotenen Gesellschaft, aller Warnungen und Ermahnungen ungeachtet, nicht entsagen will.

Denn, wenn Verbannung in jedem andern Falle unzweckmäßig und unrechtlich ist, weil ich einen Verbrecher einem andern Staate zuweise, mithin mir es eben so gut gefallen lassen muß, daß die andern Staaten ihre Verbrecher in den meinigen herüberweisen; wodurch nur allgemeine Unsicherheit befördert wird, statt, daß allgemeine Sicherheit der gemeinschaftliche Zweck aller Staaten seyn sollte: so ist dieses doch hier nicht der Fall, wo die fragliche Gesellschaft blos dem besondern Zweck des gegebnen Staats, nicht dem allgemeinen Staatszweck widerspricht; mithin der Verwiesene ein nützlicher Bürger eines andern Staates seyn mag, wenn er schon ein schädliches Mitglied des unsrigen ist. Doch bescheide ich mich gern, daß dieses Vergehn eigentlich unter die politischen, nicht unter die Policeivergehen im strengsten Sinn, gehört. Die Zurückweisung der überm Betteln betroffenen Fremden ist keine Strafe, sondern nur Zurechtweisung; kann also als Verbannung oder Landesverweisung um so weniger betrachtet werden, da der Zurückgeschickte kein Unterthan oder Einwohner des Landes ist, aus dem er hinausgewiesen wird. Wenn schon im peinlichen Gesetzbuch entehrende Strafen verordnet werden können: so darf das doch im Policeigesetzbuch nie geschehen, weil dadurch die Sittlichkeit im Fortschreiten gehindert wird. Ehedem freilich, als man geringe Diebstähle im Felde, Holz, Gärten, oder Betrügereien und Verfälschungen, besonders bei Viktualien u. dgl. zu Policeivergehungen gestempelt hatte, waren körperliche Züchtigungen und öffentliche Ausstellung zweckmäßige Policeistrafen. Da wir aber alle solche Vergehungen zu den peinlichen Verbrechen rechnen, und für die Policeivergehungen ein ander Princip angenommen haben, so fallen auch alle solche Strafen aus dem Policeigesetzbuch hinweg. Hingegen ist in diesem, so weit es möglich ist, auf den Ersatz des Schadens Rücksicht zu nehmen, der durch ein Policeivergehn gestiftet worden ist. Zum gänzlichen Ersatz den Schuldigen zu verurtheilen, ist oft unmöglich, bald wegen der Größe, oder der Natur des Schadens, bald wegen des Unvermögens dessen, der ihn gestiftet hat; oft auch ungerecht bei einem geringen Grad von Schuld. Allein ich glaube doch, daß deshalb im Gesetzbuch allgemeine Gesetze gegeben und Gränzlinien gezogen werden können und müssen, innerhalb welcher der erkennende Richter Spielraum genug hat, um sein Urtheil abzumessen. Denn, wenn man z. B.

bei unvorsetzlicher Brandstiftung den Schadenersatz allein im Auge behalten wollte: so würde ein Armer, der durch eine geringe Vernachlässigung Veranlassung eines großen Brandes gäbe, sein ganzes Leben im Zwangsarbeitshause arbeiten müssen, und doch den Schaden zu ersetzen nicht im Stande seyn; dagegen ein Wohlhabender, der durch die gröbste, an Vorsatz nahe angrenzende, Fahrlässigkeit nur einen Stall entzündete, mit wenig Thalern die ganze Strafe verbüßen würde. Darum sind, wie mir däucht, bei allen verschuldeten Verletzungen die Grade der Schuld zum ersten Maßstab anzunehmen, und der gestiftete Schaden zum zweiten; ganz im umgekehrten Verhältniß gegen peinliche Verbrechen, wo vorsetzliche Verletzung nothwendig da seyn muß, mithin die Größe des der Gesellschaft oder dem Einzelnen gestifteten Schadens der erste Maßstab ist, und die moralische Imputation nur vom erkennenden Richter in Erwägung gezogen werden mag.

§. 60.

Bei der Organisation der Policei tritt vor allen Dingen die Frage ein: Ob sie mit den Kammer- oder Justizkollegien zu verbinden sei, oder ein besonders für sich bestehendes Ganzes ausmachen soll? Von allen diesen haben wir in unsern Staaten Beispiele. Da eine gute Policei, ohne Unterstützung der Staatskasse, nicht gehandhabt werden kann: so scheint ihre Verbindung mit der Kammer darum zweckmäßig zu seyn, damit die eine der andern die Mittel reiche; und die bei der Kammer angestellten Räthe, weil sie für die Policei auch mit sorgen müssen, ein eignes Interesse dabei haben, das gern zu verwilligen, was die Policei bedarf. So lange aber in den Kammern und in den Köpfen der Kammerräthe Vermehrung der Kammereinkünfte und Verminderung der Ausgaben noch das Hauptprincip ist: so lange kann man auch nicht erwarten, daß die Kammerräthe das Interesse der Policei dem der Kammer vorziehen werden; es ist vielmehr zu besorgen, daß die Policei in allem dem, was der Kammer Geld kostet, vernachlässigt, und nur in dem, was ihr Geld einbringt, begünstigt werden wird. Dieses ist nun wohl der Fall nicht bei den Justizkollegien; allein die bürgerliche und peinliche Justiz ist doch von der Policei weit unterschieden. Jene dreht sich in den Angeln des

Rechts und der Sicherheit, diese geht bis zur Sittlichkeit und Glückseligkeit; daher ich dafür halte, daß die oberste Policeibehörde, welche Gesetze und Verordnungen giebt, in letzter Instanz entscheidet, und über alle untere Policeibehörden die Aufsicht führt, aus einem eignen dazu bestimmten Kollegium am füglichsten bestehen mag. Wie viel Fächer dahin gehören, welche Männer dabei angestellt, mit welchen Kenntnissen und Erfahrungen sie ausgerüstet seyn müssen? bezeichnet der Reichthum der Materien, die ich zur Policei gerechnet habe. Ein solches aus mehrern Räthen, deren Jedem sein besonderes Fach zur Relation mit Gutachten, nicht aber zur Entscheidung, welche vielmehr vom ganzen Kollegium abhängt, zugetheilt ist, zusammengesetztes Policeikollegium muß aber sowol mit den Kammern, als mit den Justizkollegien in Verbindung stehn, weil es diesen so zu sagen vorarbeitet, und von jenen die Mittel zu Erreichung seiner Zwecke erhalten muß. Da indeß bei solchen einander coordinirten Landeskollegien Kollisionen und Discrepantien unvermeidlich sind, und da insbesondre die Kammern oft dem Policeikollegium die Mittel unter dem Vorwande der mindern Nützlichkeit oder Nothwendigkeit versagen werden: so ist, wie überhaupt in jedem Staate, ein oberstes Kollegium (Staatsministerium, Landesregierung, oder wie man es sonst nennen mag) höchst nöthig, welchem alle die obersten Behörden, mithin auch die Kammer- Justiz- und Policeikollegien untergeordnet sind, und welches in streitigen Punkten entscheidet. Dieses constituirt die Einheit im ganzen Staate; es ist die moralische Person des Regenten; die Verfassung des Staats sei, welche sie wolle. Und Heil dem Lande, dessen Staatsministerium die Policei nach ihrem ganzen Umfange vor allen andern berücksichtigt, und keinen Kammeraufwand scheut, wenn durch ihn ein nöthiger und nützlicher Zweck der Policei befördert werden kann.

Dem obern Policeikollegium sind nun, nach Verschiedenheit des Staatsbezirks, in den Provinzen mittlere Policeikollegien zu unterordnen; welche sich ebenfalls ausschlüßlich, aber auch mit allen Gegenständen der Policei beschäftigen, und mit den Provincialkammern und Justizkollegien in gleichem Verhältniß stehn als die obern Behörden Weiter hinab ist es nur in großen, volkreichen Städten möglich, eigne Policeiobrigkeiten zu organisiren, welche von der Provincialbehörde zunächst abhangen.

Aber in mittlern und kleinen Städten und auf den Dörfern ist es nicht anders thunlich, als daß die Policei von der ordentlichen Obrigkeit des Orts verwaltet wird. Man müßte denn in weitläuftigen Aemtern eigne Policeibeamten ernennen, oder die Policei über mehrere Amtsbezirke einem eignen Policeibeamten übertragen, und von diesem auch die Policei in Städten und Patrimonialgerichtsorten mit Einverständniß desjenigen, die dabei ein Interesse haben, mit verwalten lassen.

So unvermeidlich die Kollision verschiedener von einander getrennter Behörden ist: so nothwendig ist doch eine richtige Gränzbestimmung, um die Policeisachen von den übrigen gehörig zu sondern. Und wenn unentschiedene oder einzelne Fälle eintreten, bei denen die Competenz der Behörde streitig oder zweifelhaft ist: so muß nicht nur die Regierung die Entscheidung geben; sondern es muß auch vorher schon im Gesetz bestimmt seyn, für welche Instanz die interimistische Besorgung solcher Sachen gehören soll. Nach meiner Meinung für die Policei; weil diese, zumal im Gegensatz gegen die peinliche Justiz, die gelindere Instanz ist; und weil sie überhaupt den andern Instanzien nicht vorgreift.

Durch eine gute und zweckmäßige Organisation der Policeibehörden und Obrigkeiten ist aber bei weitem noch nicht Alles eingerichtet, was zu einer guten Policei gehört. In diesem Fache hängt mehr als in irgend einem andern das Hauptwerk von den untern Officianten und Dienern ab. Ich habe schon oben §. 14. gesagt, daß zum Behuf der Sittenpolicei in Dörfern und Städten unbescholtne, bei der Kommun in Ansehn stehende, Männer zu erwählen, und diesen in großen Orten und Städten bestimmte Distrikte zur speciellen Aufsicht zu übergeben wären Was ich daselbst von der Sittenaufsicht, und nachher §. 33. von der Armenpolicei gesagt habe, das dehne ich auch auf andre Materien der Policei aus, welche eine solche Lokalaufsicht erfordern. In Dörfern und kleinen Städten kann denselben braven, verständigen, zuverlässigen Männern die ganze Policeiaufsicht unter der Leitung der Obrigkeiten, anvertrauet werden. Aber in mittlern, und noch mehr in großen Städten, sind für jeden Zweig der Policei besondre Unteraufseher nöthig, z. B. bei der Feuerpolicei, bei der Armenpolicei, bei der Gesundheitspolicei, bei der Sittenpolicei u. s. w. Von der Auswahl dieser Männer und von ihrem klugen und pflichtmäßigen Verhalten hängt fast das Ganze ab. Sie dürfen sich durchaus kein Ausspähen der Geheimnisse der Familien erlauben, sondern nur solche häusliche Thaten, welche kund werden und zur Notiz des Publikums kommen, qualificiren sich zu ihrer Aufsicht. Es dürfen auch durchaus keine heimlichen Angeber und Spione von der Obrigkeit angestellt werden; sondern jene rechtlichen Männer werden als Policeiaufseher der Gemeinde kund gemacht, und nöthigen Falls von der Obrigkeit in Schutz genommen; wiewol sie sich selbst durch ihr rechtliches, liebreiches und kluges Benehmen Achtung und Ansehn in der Gemeinde zu erwerben und zu erhalten suchen müssen. Wenn sie sich aber selbst der Unrechtlichkeit schuldig, oder auch nur durch Unklugheit, schiefes Betragen, u. s. w. des öffentlichen Zutrauens unwerth gemacht haben: so sind sie von ihrer Stelle zu entfernen und diese Posten würdigern Männern anzuvertrauen. Die Ernennung dieser Männer gehört zwar wohl mehr für die Obrigkeit, als für die Kommun; weil sie Mitglieder der, als ein Ganzes zu betrachtenden, Policeibehörde sind; doch muß man nicht nur hierbei die Gewohnheit in Rücksicht nehmen, und, wenn z. B. die Vorsteher bisher von der ganzen

Gemeinde oder von den Aeltesten derselben gewählt worden sind, dieses Vorrecht nicht beschränken; aber denjenigen, welche man zur Policeiaufsicht schlechterdings für untauglich findet, Andere substituiren; sondern auch in jedem Falle den klügsten, besten, erfahrensten Mitgliedern bei der Auswahl der Policeiaufseher eine rathgebende Stimme erlauben. Dadurch wird das Urtheil der Obrigkeit aufs Beßre hingelenkt; und die bestellten Männer werden nicht sowol als gegebene, sondern vielmehr als selbst erwählte Aufseher von der Kommun betrachtet.

Nächst diesen sind aber auch Policeidiener verschiedner Gattung, in stärkerer oder schwächerer Anzahl nöthig, wenn die Policei gut gehandhabt werden soll. Alle diese sind ebenfalls öffentlich bekannt zu machen, und zu charakterisiren. Dahin gehören die Tag- und Nachtwächter in Städten und Dörfern; auch wohl förmliche Corps von Beschützern der Sicherheit in großen Städten, auf Heerstraßen, in Hölzern, u. dgl. Dahin gehören Flur, und Feldschützen, Feuerwächter, Marktmeister, Armenvögte, Gerichtsdiener, u. dgl., denen ihre bestimmte Funktion in dem oder jenem speciellen Fache der Policei anzuweisen ist. Diese sind auch nicht nur den Policei-Obrigkeiten, sondern auch den Policei-Aufsehern in ihren Functionen zu untergeben; sie müssen aber auch, nöthigenfalls, den Justizbehörden mit assistiren, und hinwiederum gegenseitigen Beistand von den Justizdienern erwarten; sie müssen mit Vorsicht gewählt, bei vorsetzlichem Mißbrauch ihres Amtes streng bestraft, bei befundner Untauglichkeit verabschiedet, aber auch in rechtmäßiger Ausübung ihrer Fucntionen von der Obrigkeit geschützt werden. Und eben dieses erschwert die Handhabung der Policei so sehr, daß sie ohne eine große Anzahl von Mittelspersonen nicht verwaltet werden kann. In einer Stadt von zehn tausend Menschen ist Ein Richter mit drei Aktuarien, vier bis sechs Schreibern, und zwei bis vier Gerichtsdienern hinreichend, um das ganze Justizwesen im bürgerlichen und peinlichen Fache zu verwalten; aber zur Verwaltung einer guten Policei werden daselbst wohl funfzig bis hundert Menschen erfordert. Wie schwer hält es nun, lauter brave und taugliche Männer zu finden, und durch ihre gehörige Anstellung in den verschiedenen Zweigen die Policei zu einem Ganzen zu vereinigen! Darum ist es aber auch nöthig, daß diese Männer, die sich dem Besten des Publikums widmen, nach dem Verhältniß der Zeit und Kraft, die sie fürs gemeine Beste aufwenden müssen, vom gemeinen Wesen entschädigt oder besoldet werden. Jenes hat bei den Aufsehern, dieses bei den Dienern Statt; da diese gemeiniglich ihre ganze Zeit dem Dienste widmen müssen, und für Nebengeschäfte nur wenig Zeit und Kraft übrig behalten.

§. 61.

Die Frage: In welcher Staatsverfassung gedeiht die Policei am besten? kann man, wie ich glaube, füglich so beantworten:

„In derjenigen, in welcher die Gesetze den allgemeinen Willen der Nation, d. h. der Weisern und Bessern im Volke, ausdrücken; und wo die meiste Energie in Handhabung der Gesetze obwaltet." Jenes ist aber so wenig an Republiken, als dieses an Monarchien gebunden. Die Spekulation würde zwar vermuthen, daß, wo die Nation sich selbst Gesetze giebt, sie gerade in Policeisachen sich selbst die weisesten und ihrer natürlichen Freiheit am wenigsten nachtheiligen Gesetze geben würde. Wer weiß aber nicht, daß bald Ungebundenheit und Gesetzlosigkeit, bald Partheien- und Kastengeist das

Schein=Ideal der republikanischen Gesetzgebung in der Praxis verwischt? Auch in Monarchien kann eine solche weise Policeigesetzgebung Statt finden, wenn der Regent und sein Staatsministerium im Unterthan den Menschen ehrt, und ihn nicht als Mittel, sondern als eignen Zweck betrachtet; mithin neben dem nächsten Zwecke des Staats die große Bestimmung des Menschen mit im Auge hat. Und nach diesen Grundsätzen kann eher eine kleinere Anzahl weiser und guter, vom Regenten dazu auserlesener Männer, ein gutes Policeigesetzbuch liefern, als eine große Anzahl Nationalrepräsentanten, die oft Kabale oder Bestechung dazu gewählt hat. Im umgekehrten Falle kann auch in Republiken die Policei mit mehr Energie gehandhabt werden, als in Monarchien. Kennen wir nicht Monarchien älterer und neuerer Zeiten, in denen die exekutive Gewalt an Schlaffheit erkrankt ist! und sehen wir nicht in den Brüdergemeinden, welche doch keine monarchische, sondern eine republikanisch=föderative Form haben, daß eben bei ihnen die Policei so gut gehandhabt wird, als sie in irgend einem monarchischen Staate nur gehandhabt werden kann? Indeß ist es nicht zu leugnen, daß die Monarchien ihrer Natur nach dazu mehr geeignet sind, der exekutiven Gewalt Energie zu geben. Immer wird aber auch der goldne Spruch Rousseaus wahr bleiben: „Es kommt nicht darauf an, was ein Staat für eine Verfassung hat, sondern darauf, wie er verwaltet wird.“

Druckfehler.

S. 13 Z. 2 st. als l. oder

S. 21 Z. 3 st. Handel l. Handels-

S. 30 Z. 2 st. dahin l. dazu

S. 43 Z. 5 st. prüft l. trifft

S. 54 Z. 1. 10. 15. st. Accoucheur- l. Accouchir

— — Z. 9 st. und l. es

S. 55 Z. 4 v. u. st. demartiges l. derartiges

S. 75 Z. 10 v. u. st. Fremde l. Fremden

S. 110 Z. 1 st. Pflanzhäuser l. Pflanzheister

S. 160 Z. 9. st. desjenigen l. derjenigen

FSC
www.fsc.org
MIX
Papier | Fördert gute Waldnutzung
FSC® C083411

Kolibri 360 GmbH
Ferdinand-Jühlke-Straße 7
99095 Erfurt, Deutschland
produktsicherheit@kolibri360.de